本物の英語力

鳥飼玖美子

JN229403

講談社現代新書

2353

目次

第三部　英語の実践
——語学研修、留学、仕事

本文イラスト／なかがわみさこ

はじめに

「英語格差」(English divide) という言葉があります。もともとは「情報格差」(digital divide) という、パソコンやインターネットなどを使いこなせる人(地域)と、そのような知識や技術のない人びと(地域)との間に生まれる情報収集力の差を表す言葉から来ています。権力者はまず情報を得て統制するといいますが、基本的人権を確保するためにもまた情報が必須です。あらゆる情報が溢れているインターネットやソーシャルメディアを使いこなせれば社会の中で力を発揮することができて、使いこなせなければ社会の中で情報弱者となり経済格差が生まれます。

インターネットやソーシャルメディアがグローバル時代に付きものとすれば、同じように普遍的なのが、英語という国際共通語です。誰もが何とか英語を使うことによって世界中の人たちがコミュニケーションをとることができるという時代にあって、日本政府は「グローバル人材育成」を重要課題として推進し、その政策の中核をなすのは世界語としての英語です。むろん、こうした現状は必ずしも良いことばかりではなく、英語を生まれながらにして話せるネイティブ・スピーカーと、英語を話せない人びととの間の格差を生みます。これは新しいタイプの帝国主義的支配であるとして「英語帝国主義」「英語優位主義」と批判されていますが、そうはいっても使えなければ損をするということで、多くの国が第二言語もしくは外国語としての英語教育に躍起となり、小学校から英語を学ばせています。日本も例外ではありません。

けれど、そのようにして国をあげて英語に必死で取り組んでいても、母語話者（ネイティブ・スピーカー）との英語力格差はなくなりません。なぜなら、母語と同じように意識せず縦横無尽に英語を使いこなすことは英語が母語でない人びとには難しいので、国際的な場で丁々発止とやったら、たいていは英語のネイティブ・スピーカーに負けるわけです。その上、悪いことに、英語が重要だとなると、人間を英語力で測ることが当たり前のようになり、ネイティブ・スピーカーに限りなく近く英語を話せる人が何だか「偉い」ようになり、英語が苦手な人間は中身がどんなに立派であっても尊敬されないどころか就職もままならない、という歪んだ状況が生まれます。これが「英語格差」です。

「英語格差」――なんと嫌な言葉でしょう。でも残念ながら現実を映した言葉です。これを批判することはできますし、批判しなければなりません。あってはならないことだと。けれど、実際の社会では、英語ができると何かと役に立つ、という現実があるのも確かです。

ならばどうしたら良いか。

皆がある程度の英語力をつければ、「格差」は縮小します。それには、どうしたら良いか。簡単です。英語を勉強すれば良いのです。

「だって、英語は子供のうちからやらなければダメでしょ?」。いいえ、それは幻想です。外国語学習に年齢は関係ないどころか、外国語は生涯かけて学ぶものなのです。

「だって、英語は苦手だもん」。そうですか? 苦手だと思っているのには何か理由があるはずです。どうして苦手意識が出てきたのか、自身の英語学習歴を振り返ってみて下さい。中学の時の英語の先生が嫌いだった? そんなことをずっと引きずって英語をやらないでいたら、惜しいです。そろそろトラウマを克服しましょう。

「だって、いくらやっても英語ってできないもん」。そうでしょうか? これまで、どうやって英語を勉強してきたか考えてみて下さい。成果が出なかったのは、学習方法が悪かったのでしょうから、違う方法を試してみましょう。

この本は、英語が苦手な方、英語が嫌いな方、必要だと分かっているけど英語はやる気がしないという方、英語は好きだけれど思うように上達しないと悩んでいる多くの方々に、英語学習の新たな視点を紹介し、英語を楽しみながら学んでいただきたいと考えて書いています。

基本原則は二つです。

（1）ネイティブ・スピーカーを目指すのではなく、自分が主体的に使える英語――「私の英語」を目指す。

〈これは前書『国際共通語としての英語』で語った通りです〉

（2）英語を覚えようとするのではなく、知りたい内容、興味のある内容を英語で学ぶ。

〈これは、内容と言語を統合して学ぶという新しい学習アプローチに繋がる考えです〉

この二つだけを忘れずに本書を読んでいただくと、いつの間にか、あなたは「英語格差」をなくすことに貢献していることになります。

第一部　英語は基礎力

——発音、語彙、コンテクスト、文法

第1講 「なんで英語やるの？」

教育現場とグローバル化

英語学習の成否を決めるのは、まずは「何のために英語を学ぶか」という、英語学習の〈目的〉です。

英語を学ぶ目的？　そんなの決まってるじゃないか、グローバル時代には英語が絶対に必要なんだから、やるっきゃないでしょ、と言われそうですが、どうも見ていると「グローバル時代に英語は必須だ」というだけでは、頑張ろうという意欲が生まれないのが人間という生き物のようです。

二〇一二年から政府は「グローバル人材育成」政策を推進中で、文部科学省も「スーパーグローバルハイスクール」「スーパーグローバル大学」などの国家政策に沿った競争的資金を用意して国公私立の高校と大学から何校かを選定したので、採択を目指して熾烈な競争が繰り広げられ、教育現場も「グローバル化」に必死です。そして、その際の「グローバル化」の内実は、とにもかくにも「英語」です。高校では優れた英語教育の取り組みが評価対象となり、大学では英語教育の充実は当然のことで、「外国語による授業科目数・割合」、つまり英語で行う授業が全体の何パーセントになっているかを問われます*(1)。

それなのにと言うべきか、文部科学省による英語教育改革にも関わらず、高校三年生の半数以上が「英語が好きではない」のが現実です。文科省が平成二六年に全国の高校三年生約7万人（国公立約480校）の英語力を調査した結果では、CEFR（Common European Framework of Reference for Languages 欧州言語共通参照枠）*(2)のA1からB2ま

(1) 平成二六年度文部科学省スーパーグローバル大学創成支援委員会「スーパーグローバル大学創成支援」審査基準

(2) CEFRに関しては、九二頁、一一三頁、一四三頁、ならびに『国際共通語としての英語』参照のこと

でのレベルにおいて、「読むこと」は最低レベルのＡ１が七二パーセント、「聞くこと」は、Ａ１レベルが七六パーセント、「書くこと」「話すこと」もＡ１レベルが八七パーセントとなり、４技能とも大半が基礎段階という結果でした。これは、大学英語教員の実感と同じです。中学英語レベルの基礎力が不足している高校生や大学生が増えており、英語が読めない、書けない新入生に、やむをえず補習をしている大学が国公私立を問わずあります。大学の英語教員が集まると、異口同音に「最近の学生は動詞のない英文を書く」「語彙力が低すぎて、何を読んでもチンプンカンプンらしい」「いったい中学、高校で何をしてきたのだろう」と嘆きの声があがります。

英語ブームと『なんで英語やるの？』

英語教員の嘆きの対象となっている中高生、大学生と話をすると、「英語が大事だ」ということは教師や親など周囲の大人からさんざん言われているようで、国際共通語としての英語の重要性はいやというほど認識しています。だからこそ、それほど大切な英語ができない自分に自信を失い、英語への苦手意識がますます強まり、でも内心では、「英語って、本当に必要なの?」という疑問が拭えないでいるようです。

講演で出かけた中学校では「なんで英語の勉強すんの?」「どうして英語を習わなければいけないんですか?」「英語って、何のためにやるんですか?」という質問が多く、一年生から二年、三年と学年があがるにつれて、疑問が増えていくのに驚きました。

『なんで英語やるの?』という中津燎子さんの本が大宅壮一ノンフィクション賞を受賞し大ベストセラーになったのは、一九七四年です。一九六四年の東京オリンピックから一〇年後、一九七〇年の大阪万博から四年後の英語ブームの中で、「なんで英語やるの?」という根本的な疑問を日本人は抱いていたわけです。そして四〇年以上経った現在でも、日本人は未だに「なんで英語やるの?」と心の中で思い釈然としないでいるのです。

考えてみれば、それはやむをえないかもしれません。いくら「英語は不可欠だ!」と言われても、日本社会で、英語は日常的にそれほど必要ではありません。買い物も旅行も遊びも日本語で十分です。テレビの海外映画やドラマは日本語に吹き替えられ、海外のニュースも日本語の字幕があり、インターネットには日本語での情報が溢れていますし、たまに英語の情報が必要になったとしても無料の自動翻訳サービスがあります。英語ができないから暮らしていかれないという光景は見られません。大手のグローバル企業や外資系など英語を必要とする会社や職業はありますが、そのような場を望まなければ、日本語だけで幸せに暮らしていかれるのが多くの日本人です。それを見ていれば、「グローバル企業に勤めたいわけでもないから、別に英語なんて、要らないよ」と思うのは自然でしょう。たまに海外旅行へ行ったとしても、有名観光地なら日本語で何とかなるところが多いし、ツアーコンダクター付きの団体旅行もあります。しかも、海外へ出てみると、かえって日本の良さが分かり、安全だし、電車は時間通りに来るし、何もかも便利だし、食事はおいしいし、やっぱり日本だよねえ、となります。「英語は必要だ」と誰もが念仏のように唱えますが、実のところ英語は日本人にとって「絶対に必要な存在ではない」のを誰もが知っています。

つまり日本に暮らしていて英語を学ぶことは、「外国語」として英語を学ぶわけで、英語が主要言語である社会で日常的に使わざるを得ない「第二言語」として英語を学ぶわけではないので、必要度は低く、接触する機会も極めて少ないのです。ふだん使わないのですから、上達しないのは当たり前です。

英語の達人たち

ところが、そのような環境の中でも英語が使えるようになる日本人はいます。英語の「達人」と呼ばれるようになった日本人の英語学習方法を探る取材記事や書籍がありますが、それで分かるのは、誰もが努力していることです。学校だけで勉強を完結しているわけではなく、自分でさまざまな勉強法を工夫し、あれこれやっているのです。そして、そのような努力を継続させる原動力は、英語を学ぶことを必然とする何らかの理由です。もっとも、強い目的意識が最初からあるわけではなく、ちょっとしたきっかけで英語に興味を持ったという程度のことが多いようです。

例えば、『日本の大学英語教師　15人のルーツ　1』（"My Home, My English Roots Volume 1", 斎藤兆史監修、二〇一三、松柏社）では、英語を意識的に学ぶようになった契機は些細なことの積み重ねであることが語られます。小学校六年生で父親に連れられて観たミュージカル映画 "West Side Story" に魅せられ、アメリカという国を知りたくなって図書館で米国の歴史や社会についての本を読んでいるうちに、アメリカの小説も読み始め、やがてアメリカ文学研究への道に進んだ人がいます。周囲に外国人がいるわけではない環境に育った英語嫌いの中学生が、長じて英語教育を専門とするようになったのは、尊敬する祖父が「英語をちゃんと勉強しなかったことを後悔している。原書が読めたらと思うけれど、翻訳書に頼るしかないのが残念だよ」と語ったことが心に残ったからだと書いています。

では、このような「幸運な出会い」に恵まれなかった人びとは、どうしたら良いのでしょうか。「英語」と聞いただけで、授業中に間違えて恥をかいた不快な記憶が蘇るとなれば、意欲を生み出す動機付けは見つけにくくなります。

そもそも動機付け（motivation）というのは難物で、どういうことをしたら学びへの動機が生まれ意欲がかきたてられるかは一筋縄ではいかない、というのが研究で分かってきています。こうやれば、ああなる、というほど人間の心理は単純ではないということでしょう。

そのような中、目的意識を持つことはなかなか難しいでしょうが、あえて、自分なりの「目的」「目標」を設定することを勧めたいと思います。何でも構いません。隣の席に座っている外国人の同僚と話したい、外国から近所に越してきた家族と仲良くなりたい、ハリウッド映画を日本語の字幕なしで楽しみたい、世界の情報を英語でインターネット検索したい、東京オリンピックでボランティアをしたい等々。好きなことを英語でやる、というのも一つの方法で、これについては第7講で詳しく説明します。「英会話が趣味」という人に限ってなかなか英語力がつかないのは、目的が明確でなく、何となくやっているだけだからかもしれません。到達可能な夢を持ち、それを実現するには英語が必要だ、となれば、きっと英語学習に気合が入るはずです。

自分は何が得意か、何をすることが好きか、夢は何か、これからしたいことは何か？を考えてみて下さい。何かひとつ見つけたら、それについて英語で読んだり聞いたり話したりしてみたらどうでしょうか。教材になるものはインターネットでも書店でも、探せばいくらでもあります。

中学生に「英語は大嫌いです」と言われたことがあります。そうなの、と答えてから、「好きなことは何？」と聞いてみたら、返ってきたのは、「野球です」。そこで、野球はアメリカが本場だけれど、日本の野球はアメリカの野球と微妙に違うところがあるようだ、野球の実況中継も日本とアメリカでは語り口などがだいぶ違う、という話をして、「英語が分かるようになると、日米野球の違いが分かって面白いと思う」と付け加えたところ、驚いた顔になり、「へー、そうなんですか。ちょっと英語やってみようかな」と言ってくれました。

関心のあることがとっかかりになって、知りたいという目的が生まれると、好きなことに引きずられて、いつの間にか英語はあなたの日常に入りこんでくるはずです。

第2講　「発音」は基本をおさえる
――「国際共通語」はハチャメチャ英語ではない

ネイティブ・スピーカーへの劣等感

前書『国際共通語としての英語』で私が主張したのは、グローバル時代の英語はもはや英語圏のネイティブ・スピーカーだけのものではなく、世界で使われている「共通語」であることでした。そして、「国際共通語」としての英語は、世界に一六億人以上いる非英語母語話者――英語は母語ではなく、第二言語もしくは外国語として使っている人びと――とのコミュニケーションに使うためのものであると説明しました。そうなると、私たちが英語で話す相手は、確率からいって、ネイティブ・スピーカーではない世界各国の人びとの可能性が高いので、これまでのようにネイティブ・スピーカーを究極のモデルとして真似する必要はない、と強調しました。

これは、えてして英米人のネイティブ・スピーカーに劣等感を抱き英語を話すことに気後れする日本人が多いことから、自信を持って「自分の英語」を駆使しましょう、という願いをこめたメッセージでした。

ところが、本を読んで下さった方々に、二種類の反応があることに気がつきました。ひとつは、「そうなんですか、嬉しいです。安心しました。ハチャメチャ英語でも自信を持って良いんですね。励まされました」という反応。もうひとつは、「共通語ですか、そうですね」と頷きながら、内心では「だって、やっぱりきれいな英語を喋りたい」と思っている方々。

そこで、本書では、「英語の音」から話を始めたいと思います。

bone と born

まず、いくら「国際共通語としての英語」といっても、めちゃくちゃな英語では通じません。英語とは聞こえないような発音、間違いだらけの文法では、コミュニケーションは成立しません（文法については第5講で取り上げます）。

ＮＨＫテレビの英語放送で長年にわたり日本紹介をしているピーター・バラカンさんは、「国際共通語としていろいろな国の人たちが英語を話すのがますます増えてきて、英語ネイティブから見ると、ええっ？　それが英語!?　という気持ちになることもあるけれど、英語が世界中に広がれば、さまざまな英語が話されるのは仕方ないですよね。ただ、発音が変だと通じないので、発音は大事です」「カタカナ英語は、英語の音にならないので、やめるべきです」と力説します[*(1)]。

ｉＰＳ細胞で知られる山中伸弥教授は、ノーベル賞の受賞スピーチで、てらいのない分かりやすい英語を話されていたので感心しましたが、以前は国際学会で苦い体験があったとのことです。「骨」と言っているつもりで"bone"という単語を発音したところ、理解してもらえなかったというのです。どうやら"born"と誤解されたらしい。恐らく日本語的に「ボーン」とゆるく発音したので、"born"に聞こえたのでしょう。［b］の後に続く母音の［ou］を意識して強くはっきり発音すれば、「骨」だと分かってもらえたはずです。

山中さんは、そのような失敗体験を経て、英語力をつけようと、今でも現役同時通訳者に英語を習っているそうで、あの見事な受賞スピーチも特訓の成果だったということを知りました。

そう、確かに、発音は無視できません。少なくとも英語として最低限の「音」を身につけることで、相手に通じる度合いは格段にあがります。とはいえ、「ネイティブみたいな英語」「正しい英語」「きれいな英語」「流暢な英語」にこだわると、多くの日本人学習者が持っている「完璧主義」の罠にはまり、恐ろしくて英語が口から出なくなります。

では、どうしたら良いのでしょう。

学校での発音指導

「ハチャメチャ英語」と「完璧主義」の間を目指し、現実的に可能な線を見つけることがひとつの解決策ですが、それを実行するには具体的な学習方法が必要です。ところが、読んだり書いたりとは異なり、発音は独学が難しく、ふつうはどうして良いやら分かりませ

(1) NHK World "Japanology Plus" 二〇一五年七月二三日放送。鳥飼玖美子との対談

ん。CDを聞いただけでは、どのように口や舌を動かしたら良いか判断できないし、真似してみても自分がどんな発音をしているのか、正しいのか間違っているのか、分かりません。留学時代に、誤った発音をしていたことに気づいたことがありましたが、周囲のアメリカ人は誰も直してくれなかったことがショックでした。これはやはり、できたら学校で、発音の基礎指導を受けたいものです。

でも残念なことに、日本の学習者の多くは学校で英語の発音をきちんと習っていません。中学という外国語学習には最適な時期に、なぜ発音の基礎を教えないのか不思議でしたが、理由はどうやら英語教員養成にあるようです。現行の英語教職課程では、「英語音声学」が必修科目ではないのです。選択科目として置いている大学もありますが、必修ではないので、全員が履修することになりません。つまり、英語の音やリズムについて学ばなくても中高英語教員の免許を取得できるわけで、だから学校での発音指導が不十分なのです。

オンラインで実施された「英語音声教育実態調査」*(2)では、英語の発音指導に自信のない先生が中学で約三六パーセント、高校で約二〇パーセント、そもそも自分の発音に自信がない先生が中学で約四八パーセント、高校で約二〇パーセントとの結果が出ています。

肝心の中学校の英語教員が、自分の発音に自信がなく、指導にも自信がない割合が多いというのは、やむをえないかもしれません。教職課程で英語の音声について学ばなければ、生徒に対して発音指導など自信を持ってできないし、自分ができないこと、自信のないことを教えられるわけがありません。ある中学で生徒たちに講演した際、英語の母音が日本語といかに違うか、という話をしたところ、終わってから英語の先生が「参ったな、生徒たちには英語も日本語も母音は同じだって言ってあるんですよ、ややこしいから」と困っているので、驚きました。日本語と英語は発音が全く違うと知ることが、異言語である英語学習への出発点になるはずなので、せっかくの機会を逃してしまうのは惜しいことです。

---

(2) 二〇一三年一二月二八日〜二〇一五年一一月一二日。上斗晶代（二〇一五）日本英語音声学会創立20周年記念全国大会（二〇一五年一一月七日呉高専）における発表より。科学研究費（挑戦的萌芽研究）二〇一三年度〜二〇一五年度。研究題目：日本語母語話者のための英語音声共通参照枠の構築。研究代表者：上斗晶代

ハチャメチャと完璧の間を狙う

自分が話す英語を相手に分かってもらうために必要なことはいくつかありますが、まず大切なのは、英語の音の出し方の基本を知ることです。きれいな発音でなくても構いませんし、ネイティブのような英語でなくても良いのですが、英語の音の基本を守らないと通じません。「英語の音の基本」とは、具体的には、母音と子音、そして強弱のリズムです。

第一に母音です。日本語は「あいうえお」の5音素なのに、英語は20音素もあります。その上、英語と日本語では口の動かし方からして全く違います。母音をおろそかにせず、日本語では大げさに聞こえるくらいに発音しないと、「骨」(bone)が「生まれる」(born)に聞こえてしまいます。「鳥」はbirdですが、これを「バード」と日本語的に発音すると、badに聞こえてしまいます。[ir]は、「アー」とは違う、日本語にはない音なのです。

awardという英語は「賞」という意味の名詞、「賞を授与する」という動詞ですが、最近は日本語の中で「アワード」というカタカナで盛んに使われています。しかし、アクセントの場所が第2音節ではなく第1音節［a］に来てしまっている上に、第2音節［ward］の中の母音［a］の発音が日本語の「ア」なので、英語とは似て非なる単語に変身してしまいます。この母音はカタカナでは表せない音で、強いて説明すれば「ア」と「オ」の間なのですが、それを日本語の「ア」としてしまうと、その時点で英語には聞こえなくなり、通じなくなってしまいます。英語の"award"は日本語の「アワード」ではないのです。

次に子音です。日本語では16音素なのに、英語は24音素あり、摩擦音（/f/ /v/ など）が多くあります。それに加え、英語の子音は日本語と違って独立独歩です。日本語では子音の後に原則として母音がつきますが、英語では母音などを後につけず子音だけでバシッと終わります。たとえば、英語の cat を日本語的に「キャット」と発音すると［kæto］と余計な母音［o］が入ってしまい、リズムが崩《くず》れて英語とは聞こえなくなります。本場のハンバーガーが食べたくなって「マクドナルド、どこですか？」と聞いたのにアメリカで通じなかったとぼやく日本人は、子音の後に母音を入れて［ma/ku/do/na/ru/do］と発音していた可能性があります。英語の McDonald'sは、母音をいちいち加えず、Dの後の［o］という母音だけを思いきり強く発音します。日本語式に発音すると音節の数が増えてしまうので、まるで英語には聞こえず「ハア？」と怪訝な顔をされてしまうことになります。

問題はそれだけではありません。英語には、子音がいくつもくっ付いてつながる「子音連結」という性質があり、これが日本人だけでなく多くの非母語話者を苦しめます。例えば"simple"というシンプルな単語でも、［m］［p］［l］という3つの子音がつながっていて、最初に出て来る［s］を、［sh］と聞こえないように発音した後に、母音を入れないで3つの子音を発音するのは、それほどシンプルな話ではありません。日本語の「シンプル」は英語話者には［shin-pu-ru］のように聞こえてしまうので、英語のsimpleだと聞き取ってもらうには、意識して英語らしい音を出す必要があります。

milkなどは［l］［k］と2つの子音がくっ付いているだけですが、難易度の高い「l」が入っていることもあり、大変です。だって「ミルク」って言えば大丈夫じゃないの？　と思っていると大間違い。日本語的に［mi/ru/ku］のように発音すると、余計な母音［u］が2ヵ所も入り、リズムはガタガタに崩れて英語のmilkとは理解してもらえません。子音の［l］は、舌に力を入れて上顎につけてから、すぐに離し、間に何も余計な音を入れずに子音の［k］を単独でキリリと発音して終えるのが英語のmilkなのです。

「シャンパン」は「シャンペイン」

さらにいえば、英語は、どこを強く発音するかが決め手となる強弱リズム重視の言語です。山中伸弥さんはかつて、「シャンパン」を注文したつもりなのに分かってもらえず悔しい思いをしたとのことです。日本語的に「シャンパン」と抑揚なく発音したから理解されなかったのでしょう。「シャンペイン」と後半を強めれば通じたはずです。ちなみにchampagneは、フランス・シャンパーニュ地方産の発泡性白ワインで、フランス語でも「ペイン」を強く発音します。

リズムがすべての英語は、平坦な日本語に慣れている身には異質です。これは、ネイティブ・スピーカーが話す英語をただ聞いているだけでは身につきません。どうやってその音を出すの？　と聞いてみても、母語として英語を使っているネイティブ・スピーカーは、いちいち考えないで発音していますから、何をどうしたら良いのかうまく説明ができません。

そこで必要になるのが英語音声指導の専門家です。二〇一五年度放送のＮＨＫ「ニュースで英会話プラス」では、英語音声学専門の松坂ヒロシ早稲田大学教授が、大きな歯の模型を使って、舌を歯の裏につける、頬の内側に広げるようにして離す、など丁寧に指導しました。そして、その通りにやってみると、あら不思議。日本語風に「グレート［gure–to］」と言っていた人が、［g］と［r］の子音連結がきちんとできるようになり、子音の［t］で明快に打ち切ると［greit］となり、分かりやすい英語に改善されます。rivalというなかなか難しい単語も、日本語の「ライバル」から脱し、英語らしい［r］［v］［l］に変身するのです。

もっとも発音は単語レベルだけで解決するものではなく、センテンス全体のイントネーションも相手の理解に関わってきます。アメリカで車の運転をしながら音声認識のナビを使っていた人が、ナビに英語を認識してもらえず大変だったと語ってくれたことがあります。ふだんの会話では、単語ひとつで勝負するだけでなく、単語をどうつなげるかも、分かってもらえるか、もらえないかの運命を左右します。さきほどのrival（競争相手）という単語は、それ自体が難しい発音ですが、"Who is the biggest rival of the current prime minister?"（現首相の最大の競争相手は誰ですか?）のような、［r］が満載の単語をつなげて聞き取ってもらえるには、何度も何度も練習することが欠かせません。

ピーター・バラカンさんは、英国の大学で日本語の読み書きを勉強し、来日してから日本語での会話を学んだそうですが、夜の井の頭公園（東京・吉祥寺）で、自分が納得できる音が出るまで日本語の発音をひたすら練習しながら歩き回ったとのことです。そのバラカンさんは、発音だって小さい時からやる必要はない、大切なのは、「意欲と努力だ」と断言しています。

小さい時にやれば発音は良くなる？

小さい時からやらなくても、「意欲と努力が決め手」だと言われても、「そうかなあ」と思われる方がいるかもしれません。「努力」と聞いただけで、思わず溜め息をつき、「チョー面倒」「やっぱ小さい時からやっときゃいいんだよ。子供ならすぐに覚えるじゃん」と感じているかもしれません。気持ちは分かります。何種類もの母音や子音で苦労している日本人が、帰国子女のネイティブばりの流暢な発音を聞くと、「小さい時に海外行ってりゃなあ」と羨ましくもなります。

でも、小さい時にやれば発音が良くなるとも限りません。

「海外」と一口に言っても世界各国さまざまあるので、海外ならどこでも「完璧な英語」を話しているとは限りません。ミュージカル映画の名作『マイ・フェア・レディ（My Fair Lady）』の主人公であるイライザはロンドン生まれの英語ネイティブですが、下町の訛りが強く、それを言語学者が上流階級の教養ある英語の発音に矯正しようと特訓する物語です。母音の［a］の発音を矯正するために使ったセンテンス“The rain in Spain stays mainly in the plain.”を映画ではオードリー・ヘップバーンが歌っていました。海外留学でイライザの実家にホームステイしたら、そこで学ぶ英語は教養あるイギリス英語ではない可能性があるわけです。

もっとも、そんなことはたいしたことではないとも考えられます。なぜなら、英語コミュニケーションは発音がすべてではないからです。発音は英語運用力の重要な要素のひとつではあるけれど、すべてではありません。最重要なのは、話す内容であり、コミュニケーションとして成立し伝わるための語彙であり文法であり語用です。国際的に活躍する各分野の人びとの英語をニュースで聞くことが多いのですが、発音は明らかに母語話者ではないものの、いずれもきちんとした英語で、伝えるべき内容があります。

小さい頃からやれば英語は上達するという前提で小学校から英語が必修となったのです

が、子供は吸収力が強く、教えられたこと、聞いたことはそのまま吸収してしまいます。仮に間違った発音を教えられた場合は、そのまま受け入れて間違った発音が身についてしまいます。大きくなってから、それを是正するのは容易なことではありません。「雨」rainを、［ライン rain］と習って育ったイライザが［レイン rein］と言えるようになるまでの苦労は、映画をご覧になれば良く分かります。

小さい頃から多大な時間を費やして発音だけに傾注する価値があるのかどうか、人間としてまっとうに育つこと、あるいは話す内容を持っている人間になることとどちらが重要か、費用対効果の面から判断したいものです。

発音とアイデンティティ

発音に「自我意識」が働くことは、あまり語られませんが、発音には自己アイデンティティや自尊心が深く関わっているように感じます。

英語らしく発音しようとせず、日本語的な発音に固執する生徒や学生がいて、やろうと思えばできないわけはないのに、やろうとしない。わざとのように、日本語風に英語を話す。thinkの［th］を無視して、「シンク」と発音する。thatをあえて「ザット」と発音する。「［r］を英語的に発音する日本人がいると、いかにもキザで不快です」と告白する人がいます。これは、無意識のうちに、日本語を話す日本人の自分を保とうと、英語的な発音を拒否しているのではないか、という気がします。

ある中学の研究授業を見学に行ったところ、"fish"の［i］や［sh］をきちんと発音していた男子生徒がいたのですが、仲間に「おめえ、どうしたんだよ、キザな発音して」とからかわれ、すぐに「フィッシュ」と完璧な日本語発音に切り替えていました。これも「日本人中学生」というアイデンティティから成る仲間意識を優先させたといえないでしょうか。

日本語で育った自己のアイデンティティというものは、それぞれの心の中に深く刻まれており、これは捨てるどころか、大切にするのが当然です。それは個人の拠り所であり、誇りであり、生きていくうえでの根幹です。

しかし、それは外国語学習の際には、障壁となり得ます。異質なものに接すると、自己アイデンティティが脅かされたような気持ちになり、自分でも気づかないまま、異質性を排除しようとしたり回避したりします。

特に自ら口を動かさなければならない「発音」になると、避けたり拒否してしまうことがあり得るでしょう。まして英語の音声は、日本人として何となく恥ずかしいくらいに、口を大きく開けたり、舌を動かしたり突き出したり、呼吸法さえ違ったりと、身体動作に大きな変革を迫るのですから、身体が受けつけない、という状態になり、結果として英語とは聞こえない日本人英語になるのではないでしょうか。

英語ができるようになるために、日本人としてのアイデンティティを捨てるなどというのは本末転倒です。そこで、「国際共通語としての英語」という折衷案が現実的な解決策となります。

世界の人たちに分かってもらえる英語（intelligible English）を身につけるには、完璧な英語でなくても良いし、流暢な英語でなくても構いません。ましてや自分のアイデンティティを捨てる必要などありません。自分は自分です。

自分が誰であるかのアイデンティティは大切にしつつ、世界の人びととコミュニケーションをとるために、英語の音とリズムの特徴を把握して、ゆっくり、はっきり、分かりやすい英語を話せば良いのだと、私は思います。

第3講　先立つものは「語彙」

数と方法という二つの問題

英語を使えるようになるには、度胸も必要ですが、もっと必要なのは、「ボキャブラリー」(vocabulary) つまり「語彙」です。いくら勇気を振り絞っても、単語や語句を知らなければ、言いたいことは何も言えません。もちろん、先立つものが語彙であることくらい、学習者は良く知っていますから、昔も今も、洋の東西を問わず、ボキャブラリーは常に話題になります。ボキャブラリー専門の外国語教育研究者もいるくらいです。

語彙についての問題は、大きく分けて二つあります。ひとつは、「どのくらいの単語数を覚えたら良いの？」という数の問題。もうひとつは、「どうやって覚えたら良いの？」という方法の問題です。多くの場合、この二つはごっちゃになって語られますが、ここではその二つを分けて、考えてみたいと思います。

まず、よく「ボキャビル（ボキャブラリー・ビルディング）」の必要性が言われますが、「語彙」は、どの程度あったら良いのでしょう。話したり書いたり使いこなすことのできる発表語彙は、読んだり聞いたりした時に理解できる受容語彙より少ないとされているので、たくさん知っていればいるほど良いに決まっていますが、頭の中に詰め込める単語の数には限りがあるような気もします。これを見極めるには、「何のために英語を学ぶのか？」という、そもそもの目的を確認する必要があります。ちょっと海外旅行に行くから、というのなら中学レベルの語彙で何とか間に合うでしょう。けれど、仕事で英語を使おうという場合は、８０００語は必要です。何かの問題について議論するとなれば、１万語は欲しいところです。北米の大学や大学院に留学して本格的に学ぶとなれば、やはり同程度の語彙力は必要で、アメリカの一流大学が入学の条件としているＴＯＥＦＬスコアを見ると、およそ８０００から１万語レベルであるのが分かります。ちなみに英語母語話者の語彙サイズは２万語くらいと言われています。

これは日本人にとってなかなかの関門です。現行の学習指導要領で定められている中高の六年間で学ぶ語彙数は、およそ3000語。たった3000語なのです。大学に入ってから、この3000語にどう上積みするかですが、残念なことに日本の大学生の英語力は、受験の頃が最も高く、入学後の半年で語彙は四分の一近くが失われるとされます。入学してから真面目に英語を学び上達する学生もいますが、多くの学生が入学後はサークルやアルバイトで忙しく、やがて三年生になれば就職活動で必死になり、英語の語彙が増えるどころか忘れる方が多いとさえ言われています。そうなると、大学四年間で増える語彙は個人によって相当なバラツキが出てくるので、平均値は増えたとしても1000から2000、つまり大学卒業時で4000〜5000語くらいでしょうか。仕事で使う英語となれば8000から1万語が必要だというのに、これでは太刀打ちできるわけがありません。文法訳読ばかりやって会話をやらないから仕事に使えないのではなく、そもそもボキャブラリーがまるで足りないのです。まずは、その厳しい現実を認識することから始めなければなりません。英語が思うように使えないのは、語彙数が圧倒的に不足しているからだと自覚することが第一歩です。

そして次が、海外に留学するための語彙数、就職してから必要となる語彙数と、自分の手持ちの語彙の差が数千語もあるのを、どうするか、という習得方法の問題になります。
最近はよく、シャワーのように聞いて覚える、という宣伝が目につきますが、シャワーのように聞いても、シャワーのように流れ落ちてしまうだけで、頭にも体にも染み込むというわけにはいきません。

読んで分からない単語は、聞いても分からないのですから、意識して自力で頑張るしかありません。自律した学習者になり、自分で語彙数を増やすしかない。語彙研究で高名な研究者は、「仕事で英語を使うには、少なくとも8000語から1万語は必要だ」とした上で、「それほどの語彙を習得するには、何となく勉強していたのではダメで、自ら意識的に学ぶことが必須だ」と断言します。

そうか、やっぱり昔ながらの単語カードだな、とカードを使って英単語を頭に叩き込んだ経験のある世代は思うかもしれません。でも、表が英語、裏に日本語が書かれている単語カードを使っての丸暗記は、「頑張って勉強した」という達成感のわりには成果があがらないように思います。数千語もの英単語を、無闇に暗記しようとしても労多くして実りは少ないようです。

そのことに気づいたアメリカの高校生が、ゲーム感覚でフランス語を学ぶアプリケーションを開発したのが"Quizlet"という学習ソフトの始まりです。二〇〇五年に開発され、いまや世界中で使われる学習ソフトに成長していますが、もともとはフラッシュカードを使って単語を覚えようとしたのが始まりです。単語カードのデジタル版といえるでしょうか。

単語の暗記がつらいのは、無理に覚えようとしても、忘れてしまうからです。

脈絡もなくひたすら暗記しようとすることほど退屈な苦行はありませんし、脈絡がないので、すぐに忘れてしまいます。生物学の重鎮である水野丈夫・東京大学名誉教授は、小中学生を対象に「命の授業」と題し、受精から誕生までの仕組みを講義しています*(1)が、授業の最初に必ず「私の授業は覚えなくて良いです」と注意します。「覚えようとするから忘れてしまう。私の授業は、分かってくれれば良い。分かれば忘れません」ということで、子供達はノートも取らずに先生の話を夢中になって聞きます。細かい点は忘れてしまったとしても、人間が生まれるまでの生命の不思議を知った感動は心に刻まれるようです。

外国語の場合は、その点がなかなか難しく、ある程度の暗記は避けられない部分があります。それでも、教室で先生が必要以上に「覚えなさい」と繰り返しているようで、中学生の多くが英語を「暗記科目」と位置づけています。英語についての悩みを聞くと、「英語が苦手」「英語が嫌い」「なんで英語をやるのか分からない」などの次に、「どうやったら英語を覚えられますか?」「英語の単語を覚えられなくて困っています」「英語はいくつ単語を覚えたらいいのですか?」という「英単語の暗記」についての質問が多く出ます。生徒から「どうして英語では、こう言うのですか?」などと難しい質問が出ると「いいから覚えちゃえ」、「こういう単語は実際の会話で使うんですか?」という質問には「受験があるんだから、つべこべ言わないで暗記しちゃえ」などの答えが先生から出るようで、中には「英文を読んでもらいたいから、全文を暗記させます」という先生もいます。しかし、その先生の思いは生徒には伝わらず、生徒たちは英文を読むというよりは「必死で丸暗記」に励むようで、その無味乾燥な作業のせいで英語が嫌いになる生徒もいるようです。

単語や表現を知らなければ、英語を読んでも聞いても分からないし、書いたり話したりできない。つまり英語を使えるようにならない。それには、「覚える」という作業はある

(1) 公益財団法人・中央教育研究所による東日本大震災復興支援活動の一環

程度は欠かせないのですが、むやみに丸暗記しても効果は薄いのです。

精読と多読

では、どうするのかといえば、回り道を覚悟して、ゆっくり着実に語彙を取り込むしかないように思います。どうやって？　英文を読むのです。それも、たくさん読むのです。

読み方には「精読」(intensive reading)と「多読」(extensive reading)の二種類がありますが、自習では多読がお勧めです。細かいことには拘らず、内容を楽しみながらざっと読み飛ばす。知らない単語があっても、いちいち辞書を引いていたら、時間ばかりかかって進まず、楽しくないので、知らない単語は無視します。そしてどんどん読むのですが、特定の単語の意味が分からないとどうしても内容が把握できない、意味を推測してみるのだけれど、それが正しいかどうか確認したいという場合は、辞書で意味を調べます。「ああ、こういう意味なのかあ」と思って納得すると、おそらくその単語は頭の中のデータベースに蓄積され定着します。

「多読」というのは、広範囲にさまざまなものを読むことで、外国語学習に効果があるとされます。辞書を引かないでおよその内容が分かるように語彙を絞ったgraded readersという、語彙レベル別のシリーズ本も多種あります。

時間を計ってスピードをあげる「速読」(speed reading)もありますが、時間ばかり気にすると、さて何を読んだのだっけ、となるので要注意です。時間を計るのではない速読もあって、ざっと大意を摑む「スキミング」(skimming)、斜め読みして必要な情報を探し出す「スキャニング」(scanning)は、読み方として重要です。「スキミング」「スキャニング」に慣れておくと、例えばアメリカの大学に留学して分厚い本を何冊も読むことになった時に困惑しないで対応できます。

もちろん、ゆっくりと熟読する「精読」も大切です。学校の勉強だけでなく、自分に興味のある本や雑誌の特集なり新聞記事なりを、丹念に読む。この場合は、丁寧に辞書を引きますし、目についた単語や表現を書きとめておくという勉強法もあります。

国際会議の同時通訳者がどうやって専門用語を覚えるかというと、専門分野に関する書籍や資料を日本語と外国語の両方で読み、用語をひとつずつ二ヵ国語で書き出し、自分なりの用語集を作ります。今は手書きではなくパソコンでデータベースを作ってしまうようですが、自分の手で書くと記憶に残りやすい気がします。この用語集作成で忘れてならないのは、内容を理解するために読むことが先行する点です。専門分野の用語集は市販されているのですが、それを買ってきて眺めているだけでは、さっぱり覚えられません。内容が分かって用語集を作ることで、ようやく専門用語が頭に入り通訳できるようになるのです。

同時通訳の大先輩であった國弘正雄さんは、洋書を読んでは英語らしい表現、洒落た言い回しなどをカードに書き出していました。それも、覚えておきたい単語や語句だけでなく、それが登場するセンテンスを丸ごと写すのです。時にはパラグラフまで。ひどく手間ひまのかかる作業ですが、それだけやると単語や表現が確実に頭に入ります。そして、その表現がどのような文脈で使われているのかを書きとめるので、自分で使えるようになります。それがいかに大切なことかというのは、次の「コンテクスト」に関する講で詳述します。

そういえば、辞書の使い方にも一工夫が要ります。速読や多読では基本的に辞書は引きませんが、精読となったら良い辞書を脇において、「引く」のではなく、「読む」のが効果的です。どういう意味があるかを概観し、例文をチェックする、動詞を調べたら名詞や形容詞も調べる、同義語や反対語も調べる、熟語や慣用句も見てみるなど、たまに時間をかけて辞書を読んでみると驚く程の情報量です。辞書によっては、類語をまとめてニュアンスの違いを説明していたり、図が入っていたり、学習者が間違いやすい使い方の注意書きがあったりして、とても親切です。電子辞書は持ち運びには便利ですが、前後の情報がいっぺんに目に入る紙の辞書も捨て難いものです。

そして言葉は生き物です。新しい事象や事物がどんどん生まれ新語が次々に登場します。辞書は古いものを後生大事に使うのではなく、新しい版を買うことをお勧めします。とはいえ、インターネットで検索すれば、新語を含めて意味や使い方はいくらでも出てくるので、便利な時代になったものです。それでも私は紙の辞書にこだわりますが、説明が豊富なこと、さらには用例が多いことが条件です。逆にいえば、用例が少なく説明が素っ気ない辞書は価値半減ということにもなります。三浦しをんさんの『舟を編む』は好きな小説のひとつですが、日本語の辞書を作るのでもあれだけの苦労です。ましてや英和辞書となれば、まさに二つの言語のせめぎ合いです。

私は、翻訳をしている時や、NHK「ニュースで英会話」の日本語訳を監修している時、いくつもの辞書——インターネットも電子辞書も紙媒体の英和辞書も英英辞書も——を読みあさって、納得のいく日本語訳を探し回ります。すると、小さな単語であっても、いや、ほんのちょっとした単語こそ、辞書によって微妙に定義が異なることが分かり、いつも言葉の奥深さに打たれます。

そのような奥深い言語文化を包み込んだ単語ひとつひとつを機械的に覚えても、英語を理解したことにはならないのは当然かもしれません。語彙を増やすには、だから、読むことです。読むことは、英語を聞く力、話す力、書く力など、すべての土台となります。

本や記事の内容や難易度、読書に使える時間的余裕、どれだけ丁寧に読みたいかという目的や、その時の気分などを勘案しながら、「多読」「精読」を組み合わせて、ともかく英文を大量に読んでみましょう。

第4講　「コンテクスト」がすべてを決める

単語とコンテクスト

英語を使えるようになるためには、語彙が欠かせません。そこでよく見られるのが、日本語では○○、英語ではXXと対にして暗記する方法です。単語カードの表に“unleash”と書き、カードを引っくり返して裏をみると「引き綱を外す」と書いてあるので、unleashといったら「引き綱を外す」と覚えこむ。誰でも一度は試したことのある単語暗記法でしょう。

でも、これは二つの理由で、問題ありの学習方法です。

ひとつは、単語というのはコンテクスト（その場の状況など）によって意味が変わってくるので、まとまったセンテンスなりパラグラフの中でどう用いられているかを知らないと、結局は使えないことになるという問題です。もうひとつは、英語のＸＸ＝日本語の〇〇という等価（同じ意味）の関係は、言語が異なるとありえないということです。それぞれの単語のニュアンスが違ったり、意味範囲が微妙にずれていることが多く、完全に同じ意味になることはむしろ稀なのです。

まずは、「コンテクスト」について考えてみましょう。

たとえば、unleash です。もともと leash は名詞なら「犬などの引き綱」、動詞なら「犬などを引き綱でつなぐ」です。それに、un がついて unleash となれば、「引き綱を外す」です。

では、次の英文に登場する unleash は、何でしょう？

"As a matter of principle, such a trade agreement is bound to unleash some potential..."

「何らかの可能性の引き綱を外す」？　何のこと？？　全く意味不明です。

これは、ＴＰＰ（the Trans-Pacific Partnership＝環太平洋パートナーシップ協定／環太平洋経済連携協定）の大筋合意を受けて二〇一五年一〇月八日、ＩＭＦ（国際通貨基金）のクリスティーヌ・ラガルド専務理事がペルーでの記者会見で発言したものです*(1)。

この部分は当初、次のように日本語訳されました。

「原則として、このような貿易協定は必ず何らかの潜在力を解き放ちます」

なあんだ、犬の引き綱ではなく、「解き放つ」という意味なのです。

でも、待てよ、「潜在力を解き放つ」って、かっこいい響きだけど、どういうこと？ 英和辞書で調べてみると、**unleash** には「犬などの引き綱を外す」「解き放つ」の他に、もっと頻度の高い使い方として、「（損害、影響などを）引き起こす、もたらす」「（感情などを）爆発させる」という意味が記されていて、**unleash a storm**「（比喩的に）嵐を引き起こ

---

(1) 二〇一五年一〇月二二日（木）ＮＨＫ「ニュースで英会話」放送 "IMF, WORLD BANK WELCOME AGREEMENT"「ＩＭＦ　ＴＰＰ合意を歓迎」

す」などいくつかの用例が紹介されています。そこで、ラガルド専務理事の英語をもう一度よく読んでみると、要するに「ＴＰＰのような貿易協定は必ずや何らかの可能性を引き出すものです」と言っているわけです。なるほど、これなら分かります。犬の話をしているなら「引き綱を外す」で構いませんが、コンテクストが変わり、ＴＰＰは良いことだと述べている英文では「可能性を引き出す」でないと意味が通じません。辞書に載っている用例には、"The players unleashed their anger on the referee."という英文もありました。「選手たちは審判に怒りをぶちまけた」という日本語訳が添えられています。なるほど、「犬の引き綱を外して自由にする」つまり「解き放つ」となり、それが「何」を解き放つかによって、「可能性」なら「引き出す」になったり、「怒り」なら「ぶちまける」になったりするわけです。すべて前後の文脈や、その場の状況などのコンテクストによって違いが出てくるのです。もともとは同じ単語なのだけれど、ＴＰＯに合わせて違う服を着て登場するようなものです。

意味がコンテクストで変わるのは、単語だけでなく熟語も同じです。英語に"come up with"という日常会話でよく使われる句動詞があります。「（計画などを）思いつく」「（考えなどを）打ち出す」という意味です。その熟語がニュースで使われたことがありました＊(2)。

Seven-Eleven Japan has come up with new kinds of onigiri to cater to local tastes in collaboration with a domestic firm.

日本語訳は次のようでした。

「セブン-イレブン・ジャパンは地元の人々の好みに応えるため、（UAEの）国内企業と協力して新しい種類のおにぎりを打ち出しています」

監修していて、この日本語訳に「うーん……どうしよう」と思いました。間違いではありません。でも「おにぎりを打ち出す」？　ラジオは耳から音声だけを聞いて理解するので、「おにぎりを打ち出す」がどう受け止められ、どう理解されるか不安になりました。

---

(2)　二〇一五年一〇月二六日（月）ＮＨＫラジオ「ワンポイント・ニュースで英会話」放送 "JAPANESE CONVENIENCE FOR MID-EAST"「中東初　日本のコンビニがドバイにオープン」

何だか、打ち出の小槌でおにぎりが出てくるみたいですので。呻吟した末に思いついたのが「おにぎりを用意しています」でした。でも、これも十分とはいえません。come up with の語感を生かせば、「ドバイの人びとが気にいるようなおにぎりって、どんなものだろうと考えて思いついたのが、ソーセージを入れるなどの新製品で、それを店舗に並べた」ということですが、しっくりくる日本語の表現はなかなか見つかりません。この例は、中東に出店したコンビニというコンテクストをふまえて理解する必要があることと同時に、言語が異なれば、意味が等価にはならない、という事実も示しています。

言語が違えば意味も変わる

言語が違えば単語の意味やニュアンスが変わり、完全に同じ意味とはならない例として、alert と「警告」があります。

“RADIATION DETECTED FROM DRONE”（首相官邸屋上にドローン）というニュースでは、「警告」に相当する英単語が二種類出てきました*(3)。

...the small drone was carrying a container filled with liquid and marked with a radiation warning symbol.

「この小型の無人機には液体の入った容器があり、放射能があるという警告を示す印が付いていました」

A staff member found the drone at around 10:30 AM on Wednesday and alerted police.

「(総理大臣官邸の) 職員が水曜午前10時半ごろ、この無人機を発見し、警視庁に通報しました」

二つめのセンテンスにある police (警察) は、ここでは「警視庁」を指しています。そして、alert が「通報」となっていますが、「無人機がありましたと警視庁に連絡して注意を喚起した」ことを、日本語として自然な「通報した」という訳にしてあります。

(3) NHK「ニュースで英会話」二〇一五年四月三〇日（木）放送

もともとalertは「警告する」「注意を喚起する」という意味で、英和辞書を引けば、warnもalertと同じ「警告する」「注意する」という日本語訳が出ています。では、両者は完全に同じ意味かといえば、そうともいえないのです。

例えば、アメリカ国務省が発表する海外渡航に関する注意では、以下のように定義が異なります。

travel alerts: テロの脅威、政情不安など短期の危険について注意を喚起するものです。日本の外務省が渡航について出している「海外安全情報」の「十分注意して下さい」にあたる感じです。

travel warnings: 長期にわたり不安定な状況が続いており、渡航は避けるべきだと警告するもので、外務省が出す「渡航中止勧告」に該当すると考えられます。

つまり、同じ「警告」でも、英語ではalertより深刻な場合にwarnとなるニュアンスであることが分かります*(4)。

このような違いを知るには、多くの英文に当たるしかありません。英文をふんだんに読んでいると、それぞれの単語はコンテクストによって使われ方や意味が異なってくることが分かってきます。

英語の単語や語句は、日本語のそれと等価ではない。だから単語カードで機械的に覚えても使いこなせるようにはなりません。日本語で言い表すことができない外国語の意味をどうやって把握するのかといえば、その言葉がコンテクストの中でどういう意味で、どう使われているかを考えるしかありません。逆にいえば、コンテクストがあるから単語や語句の意味が分かる、ともいえます。

カタカナ語が好きではない私は、日本語で表現できることはなるべく日本語を使いますが、「コンテクスト」を「前後の文脈」という日本語に置き換えないのは、「コンテクスト」は「前後の文脈」であり、それ以上のものでもあるからです。

「コンテクスト」(context)には、その場の状況などの「状況コンテクスト」の他に、文化が関わってくる「文化的コンテクスト」もあります。文化が違えば、前提とする常識や世界観や価値観が異なるので「コンテクスト」が異なってきます。ちょっとした言葉であ

(4) 初出『NHKニュースで英会話』テキスト「英語表現こぼれ話」二〇一五年八月号

っても、それは「文化」というコンテクストに埋め込まれており、また、話している相手が誰か、その場の状況や環境はどのようなものか、という動的な「状況」コンテクストによっても左右されます。

英語力をつけるには、会話パターンを暗記しているだけでは効果が薄く、ともかく「読む」ことです。なぜなら、コンテクストの中で生き生きと使われている言葉を学ぶことを可能にしてくれるのは、何と言っても読むことだからです。ＩＭＦのラガルド専務理事はフランスの弁護士であり政治家で、高校時代に私と同じＡＦＳ（American Field Service）でアメリカに一年間留学していますが、高校留学で習得しただけの英語ではない印象です。記者会見での英語を聞くと、その語彙や文章の格調高さから、相当量の英文を読んでいるのが明白で、教養のある英語です。

そのラガルドさんの言葉を借りて表現してみると、読むことは、英語力の「大いなる可能性を引き出す」（unleash a great deal of potential）と言っても過言ではありません。

第5講　話すためにこそ文法

英語の授業と文法の存在

「文法なんてやるから英語がしゃべれない」という主張をよく聞きます。その声に押されて、近年の英語教育では文法の扱いが一昔前とは違い、まるで敵《かたき》のように脇へおいやられています。英語教育でオーラル・コミュニケーションが重視されるようになった一九九〇年代から、文法は百害あって一利なしのように非難され、少なくとも建て前としては、公教育における英語の授業で文法の影は薄くなっています。

そのせいか、最近、多くの大学で囁かれているのが、入学者の基礎力不足です。今の学生は語彙力がないので読み書きが苦手な上に、英語の文法を知らないようで、主語や動詞がない英語を書く、現在と過去が判然としない、単数と複数の区別がつかない、いったいどうなっているのだろう、と英語教員は頭を抱えます。これではレポートを英語で書くなど無理だし、発表や討論も難しい、と補習に踏み切る大学も出てきています。国立大学の英文科でさえ、学生が英文を読めないことに愕然とし、慌てて補習を始めたところがあると聞きました。

しかし、中にはしっかりした基礎力のある学生もいます。調べてみると、浪人して予備校でがっちり学んだ学生か、いわゆる進学校で「文法、やりました」という学生です。「学習指導要領」では、オーラル・コミュニケーションをやることになっていても、実際には文法を教え読解をやらせている高校が少なからずあるようで、どうも「文法は教えるな」という建て前と、「そうはいっても」という現場の本音があって、学校では相変わらず文法の説明をしている、というのが実態なのでしょう。正面切って文法説明を入れた検定教科書の販売数が予想外に多く、関係者を驚かせたくらいです。

いったいどうして学校では、文法を教え続けるのでしょうか。理由は、英語を使えるようになるためには、基本的な文法を教えないわけにはいかないからです。学習者はそれを知っているようで、書店に行くと英文法の参考書が多く並んでいます。買う人がいるから何冊も並べているのでしょう。特に外資系企業に就職すると、報告や提案などを口頭ではなく文書にして提出するよう指示されるようで、文法を知らないと英文を書けず、慌てて文法書を買ったという新入社員がいます。

それなのに、やっぱり英文法は嫌われ者で、英会話が出来ない原因とされ続けています。

「文法」って何？

そもそも、皆に悪口を言われる「文法」というのは、何なのでしょう。「文法は嫌いだ」という時に、皆さんが頭に浮かべる悪者の姿はどういうものなのでしょう。動詞の活用？　冠詞？　時制？　人称？　それら全部？

実は「文法」の定義というのは、ひとつではありません。「伝統文法」と呼ばれる文法は、ある言語がどのように使われるかを体系的に説明するものです。「科学文法」は、言語という複雑なシステムを短期間に構築してしまう、言語獲得の謎を科学的に説明する言語理論*(1)です。「文法能力」という場合は、「語彙や音韻などまで含んだ言語知識」を指します。学校で教えられている英語の文法は、「学習英文法」と呼ばれ、学習者にとって分かりやすいように英語の仕組みを説明したものです。

つまり、ふつう私たちが「英文法」と言っているものは、例えてみれば、スポーツのルールみたいなものです。テニスであれ野球であれ、スポーツには必ずルールがあり、選手はそのルールに従って試合をします。スポーツをやりたいと思ったら、ルールを学んで技能を磨くしかありません。英語も同じです。英語を使いたいと思ったら、ルール（文法という規則）を学び、スキル（聞くこと、読むこと、書くこと、話すことの4技能）を磨くしかありません。

ややこしい文法なんて知らなくたって、いざとなれば単語だけで通じるよ、と豪語する強者がいます。確かに、文法を知らなければ思いつくまま単語を言ってみるしかないのですが、そうなると表現できる範囲は極めて限定されます。「この靴、欲しい」くらいのコミュニケーションなら単語と身ぶりで何とかなるでしょうが、相手の話を理解し、それに対して自分の意見を言う、交渉で双方の言い分を調整して落としどころを見つける、などという複雑なコミュニケーションの場合は、単語をどう並べてセンテンスにするかというルールを知らないでは、まともな話ができません。

これが発音だと、少し変でも相手は「あ、この人はネイティブ・スピーカーじゃないな、ゆっくり喋ろう」と外国人でも分かるような話し方にしてくれたりする利点がありです。そのような配慮ができない英米人も多くいますが、少なくとも少々間違った発音だからといって不快がることはなく、外国人なんだからしょうがない、と許してくれます。ところが、文法が間違っていると、単純に「教養がない」と思われてしまいます。メールで書いた英語が文法的な間違いだらけだと、「うーん、この人、教育程度が低そう」と誤解されてしまいます。

文法は難しくてつまらない?

そういうことなのか、と納得しても、やっぱり文法の勉強はつまらないし、難しいから

(1) 柳瀬陽介(二〇一二)「コミュニケーション能力と学習英文法」、大津由紀雄(編著)『学習英文法を見直したい』研究社、五三–五四頁

嫌だ、という学習者は圧倒的に多そうです。かくいう私も、文法は大嫌いでした。

何がつまらないかというと、規則の丸暗記が退屈なのと、何のために必要なのか分からないで勉強させられるからです。

しかも英語の場合は、必死で文法規則を覚えても、例外だらけの言語なので、「えっ？この間、勉強したのと違う。こんなのあり？」と混乱します。複数になったら"s"を付けると習ったのに、foot（足）の複数は foots ではなく feet です。「鹿」や「鯉」にいたっては、単数も複数も deer であり、carp です。定冠詞 the と不定冠詞 a の使い方の違いを何とか覚えたはずなのに、ここは the も a も要らないと直され、「えー、なんで？」とガックリしたりします。英文を読んでいたら文法規則に当てはまらない表現が出てくる、ネイティブの先生が教科書と違う英語を話す、どっちが正しいのだろうと迷うし、規則を覚えたのは無駄だったのかと腹が立ちます。

それでも、やはり文法規則は知っている必要があるのです。なぜって、知らないとセンテンスを組み立てられないし、センテンスを作れないとまともな会話ができないからです。

まず基本的なこととして、英語には「主語」が必要です。主語がなくても成立する日本語とは決定的に違います。そして主語の次には「述語となる動詞」が来ます。「何をするのか」「何をしたのか」などの動詞を使うには、現在の話なのか、過去の話なのかを区別するために、現在形や過去形を知る必要があります。それだけで済む場合もありますが、時には「何を」という目的語が次に来たりします。ここで日本人はまた、うんざりします。語順がまるで違うからです。

「私は犬が好き」と日本語で言うところを英語では「私ハ好キ、犬ガ」となってしまいます。おまけに、好きなのが特定の犬ではなく犬全般の場合は、I like dogs.（私は犬たちが好きです）と複数形にする作業も出て来ます。犬を好きなのが妹の場合は、like ではダメで三人称単数現在の"s"を付けて、My sister likes dogs. としなければなりません。なんと面倒な。中学生が英語嫌いになるのが分かる気がします。

文法とどう付き合う？

ことほどさように英文法は苦労の種ですが、文法規則の骨子を知ると、英語の仕組みの概要を摑むことができます。言い方を変えると、文法というルールを勉強しておかないと、コミュニケーションという試合には出られません。そのためになすべきこと。まず、最低限のルールを知る、というつもりで基本的な文法規則だけは勉強しましょう。

何が基本なのかといえば、「文の構造と5文型」*(2)です。もっとも最近の研究では、5文型では不十分、7文型であるべきという学説も出てきていますが、7つより5つの方がとっつきやすいですし、長らく学校現場で教えられ、それなりの成果をあげてきたので、5文型を紹介しておきます。

（1） S（主語）＋V（動詞）

I promise.

「私は（主語）＋約束する（動詞、現在形）」＝約束する。

（2） S（主語）＋V（動詞）＋C（補語）

I became a writer.

「僕は（主語）＋なった（動詞、過去形）＋（一人の）作家に（補語）」＝僕は作家になった。

（3）S（主語）＋V（動詞）＋O（目的語）

I opened a window.

「私は（主語）＋開けた（動詞、過去形）＋（ひとつの）窓を（目的語）」＝窓を開けた。

（4）S（主語）＋V（動詞）＋O（目的語）＋O（目的語）

My mother gave me a watch.

「私の母は（主語）＋くれた（動詞、過去形）＋私に（目的語）＋（ひとつの）時計を（目的語）」＝母は時計をくれた。

（5）S（主語）＋V（動詞）＋O（目的語）＋C（補語）

He makes me happy.

「彼は（主語）＋してくれる（動詞、現在形）＋私を（目的語）＋幸せに（補語）」＝彼は私を幸せにしてくれる。

---

(2) 安井稔（二〇一二）「学習英文法への期待」、大津由紀雄（編著）『学習英文法を見直したい』研究社、二六八－二七七頁を参照のこと

これが英語の設計図であり基本的なルールです。たった5つですが、じっくり見てみると、日本語とは語順が逆だし、日本語では言わなくても良い主語をいちいち言うし、はっきり言って、面倒な気持ちになってしまいます。そもそも「目的語」だの「補語」だの、文法用語は分かりにくくて困ります。

でも、ともかくこういう順番に単語を並べないと、英語コミュニケーションという試合に出られないのですから、腹をくくります。試合となれば、ルール違反はできません。主語を入れ忘れたら反則です。動詞がなくても反則です。過去形を忘れたらいつのことなのか分からないので、イエローカードです。ルールなのだから仕方ない。何とか工夫して、ルールを理解し体得しなければなりません。

文法が苦手だった私は、目的語と補語の違いが分からなくて困ったのですが、「イコールでつなげられるのが補語」と教えてくれた人がいて、なるほどと思いました。5文型の最後に出した例文"He makes me happy."で見ると、He（彼）とme（私）は二人の違った人間でイコールではないので、meは補語ではなく目的語です。その次のhappyは、「私」が「幸せ」なのですから、me＝happyとなり、補語だと分かります。

こういう5文型を理解しておくと、一見ややこしい英語の構文を解析できるので、このセンテンスは複雑過ぎて何がどうなってるんだか分からないよ、と思うような英文の意味が理解できるようになります。逆に言うと、センテンスの成り立ちを理解しないと意味が取れないということになります。

例として、「国連の非常任理事国に日本が選ばれた」という英語ニュース*(3)を見てみましょう。

The five countries selected gained at least two-thirds membership support.

主語が、the five countries であることは分かります。「五ヵ国」に the が付いているということは、特定の五ヵ国のはずなので、前の方を探してみます。すると、すぐ前に、選出国を発表するモーエンス・リュッケトフト国連総会議長の言葉が出ています。

(3) 二〇一五年一〇月二九日（木）NHK「ニュースで英会話」放送"JAPAN ELECTED AS UNSC MEMBER"「日本が安保理の非常任理事国に」

(Mogens Lykketoft/UN General Assembly President)

"Egypt, Japan, Senegal, Ukraine and Uruguay are elected members of the Security Council."

「エジプト、日本、セネガル、ウクライナ、そしてウルグアイが、安全保障理事会に選出された構成員です」

ということは、主語の the five countries とは「安全保障理事会メンバーとして選ばれた五ヵ国」なのです。

さて次です。なんと動詞が二つ続いています。selected？ gained？ なんで動詞が二つあるの？ と混乱し、わけが分からなくなります。投げ出したくなるところですが、ここは慌てず、「二つのうちのどっちが述語動詞だろう？」と英文を眺めて考えます。selected が述語動詞だとすると、「選ばれた五ヵ国が選んだ」となって、いくら何でもこれはないだろうとなります。「五ヵ国」は選ばれたのですから、「選ぶ」わけはありません。しかもセンテンスを最後まで読んでみると「三分の二のサポート」とあります。国連安保理事会の非常任理事国になるには選挙があるようなので、「三分の二の支持を得た」

ということかな？　と推量し、英文を睨むと、ありました、gained という動詞が。gain support で「サポートを勝ち取る」つまり「支持を得る」です。ならば、このセンテンスの述語動詞は、gained です。

じゃ、その前にある selected って何？　英文を多く読んでいると、動詞の過去形が名詞を修飾して形容詞のように使われることがあるので、ひょっとしてそれかな？　と思いつつ、見直してみると、「五ヵ国」（主語）のすぐ後に selected（選ばれた）とあるので、the five countries を説明する形容詞として使われていて、「選ばれたこの五ヵ国」ということになり、腑に落ちます。

全体を日本語にしてみると、「選ばれた五ヵ国は、少なくとも三分の二の（国連）加盟国からの支持を獲得しました」となり、意味が通じました。

これで分かるのは、構文を分析すればどんなに複雑な英文も意味が取れること、そのためには、文法力、そして語彙力と背景の知識が役立つということです。このセンテンスでは selected, gained という単語を知っていると理解が楽です。また、背景知識として、国連安保理事会の非常任理事国選出について多少なりとも知っていれば、ある程度の推測が可能です。安保理の常任理事国（permanent member）は、第二次世界大戦で勝った五ヵ国（アメリカ、英国、フランス、ロシア、中国）が恒久的な理事国であり、非常任理事国（non-permanent member）は各地域の代表が選挙で選ばれ任期は二年であることを知っていると、意味の把握はもっと早くなります。

ちなみにUNは、日本では国連（国際連合）と呼んでいますが、英語での正式名称はthe United Nations（連合国）で、これは第二次大戦中の連合国軍の名称です。

話す力と文法

文法知識は英語の理解に不可欠だということを説明しましたが、実際に英語を話す際に、この動詞は目的語を付けるのかな？　ここは過去形にするのかな？　などといちいち考えていたら話せなくなる、というのも事実です。理屈で考えていないで、熟語などは丸ごと頭に叩き込んでおかないと使えない、ということも確かにあります。この辺のさじ加減は大事で、文法にかまわな過ぎるとハチャメチャ英語になってしまうし、文法的な正確さにこだわり過ぎると完璧主義に陥り怖くて話せません。文法的に説明がつかないと落ち着かない人もいますが、それほど神経質にならずに英語を使っても良いのではないかと思うこともあります。

文法的な正確性に過度にこだわらず、無理せず確実に文法力をつけるには、どうしたら良いのでしょうか。万能薬はありませんが、ひとつ言えるのは、語彙と同じで、回り道のようでも、たくさんの英文に接していると効果があるということです。英語を読むという練習をしっかりしていると、だんだん英文の構造に慣れてきて、複雑なセンテンスも霧が晴れるように分かってきます。

内容のある話を英語でするには、基本文型をおさえた上で、もう少し高度なルールも要りますが、これも基本は同じで、読むことでルールを体得します。

関係代名詞は面倒ですが、これは二つの文章をつなげる難易度の高い技術で、ネイティブ・スピーカーの子供でも中学生くらいにならないと使いこなせません。

「アメリカに行けば赤ん坊でも英語を喋ってる。だから小さいうちから英語をやればいいんだ」という意見がありますが、母語だから勉強しなくても話せるようになるとはいえ、それは英語に囲まれた環境で日々を過ごした結果で、それでも、関係代名詞を使えるまでに一〇年はかかると知れば、なーんだ、やっぱりこれは難しいんだ、と気が楽になります。外国人である私たちが学校で短時間学んだだけで、何とか that や which を使って二つのセンテンスをつなげているのはたいしたものです。もちろん会話では、ひとつのセンテンスごと単文で話しても通じますが、関係代名詞を使うと大人の英語になります。

関係代名詞と同じくらい学習者に不人気なのは仮定法で、日常会話に必要ないのにこんなことまで勉強させられたから会話ができない、と恨みを抱いている人、文句を言う人が大勢います。でも、仮定法とは、「もし何々だったら」と、現実とは違うことを仮定として言う時に必要で、これを知らなかったら、「もし私が海外に行ったら」「将来、医師になったら」などと夢を語れません。「もし一〇パーセント引きにしてくれたら、これを買う」という交渉もできません。

もっと深刻なのは、仮定法を知らないと丁寧な言い方ができなくなることです。日本語のような敬語が英語にはないというのはその通りですが、丁寧な表現は英語にもあります。英語ではどうやって丁寧にするのかというと、仮定法を使うのです。「助けていただけると本当に有り難いです」と丁重に頼む時には "I would appreciate it very much if you could help me." のように仮定法が活躍します。

英語で夢を語りたいなら、英語で交渉したいなら、丁寧な英語で依頼したいなら、仮定法の作り方をマスターしなければ。そして、これも英語に多く接しているうちに、どういう場面でどのように使うかが少しずつ分かってきます。そうか、こういう状況で、こんな風に仮定法を使うのか、と合点したら、今度はぜひ自分で使ってみて下さい。

英文法は異文化理解

英文法を勉強する時に、「一体なんでこんなこと勉強するわけ？」と疑問を抱く生徒は、先生から「受験があるんだからしょうがないんだ、覚えちゃえ」と言われ、苦しい受験勉強と結びつけて考えるので文法がますます嫌いになります。でも、英文法というのは実は、英語文化の特徴が表れているものなのです。なるほど、これが英語の文化なのか、と異文化理解のつもりで学んでみたらどうでしょう。

例えば、単数と複数。日本語ではどうでも良いことなのに、英語は「一つ」か「一つ以上」かにこだわります。「一つのリンゴ」（an apple）か「複数のリンゴ」（apples）なのか、いちいち明確にします。兄弟姉妹についても、姉か妹かなど生まれた順番には無関心な英語ですが、何人いるかは知りたがりますので、"I have a sister and two brothers." のように姉妹が何名、兄弟が何名かを単数複数で言わなければなりません。なんでそんなことにこだわるの？　どうでもいいじゃん、と思っても、「これが英語文化の面白いところ」と考えて理解するしかありません。

日本語にないものに英語の冠詞があります。いったいここでは、なぜaなのか、同じ単語なのに、ここにどうしてtheを付けるのか。複雑怪奇で参りますが、理由があって使い分けているので、その理由をしっかり学びます。初登場の時にはaを付けるけれど、二回目からは「もうご存知の」という感じでtheになる、という理由を知って異文化理解に努めます。

能動態と受動態の違いも、機械的に書き換え練習をしていると無味乾燥ですが、英語では能動態がふつうの姿で、受動態にする時には、何に焦点を当てるかが変わってくる、それなりの意味があってあえて受け身にしている、場合によっては誰がやったのかをぼかしたい時に受動態にする、ということが分かると、英語を読んでいても面白くなります。

異文化理解というのは、クリスマスやハロウィーンなどの習慣を理解することだけではありません。英文法は、英語という言語文化のルールですので、その規則を知ることは、異文化理解につながります。

英語を学ぶことが「異文化との格闘」であるのは、英語の文法自体が異文化だからということもあります。

そう考えて、英文法と正面から向き合ってみると、日本語とのあまりの違いに唖然としつつも、違うからこそ面白いということにも気づきます。日本語と違うからこそ、異なる世界を知ることになるわけで、だから英語を学ぶ意義があるのです。本当に理解しようと思ったら、文法もひっくるめて英語という言語文化を知ることです。

ただし、きちんと学ぶことは大切ですが、実際に英語を口に出す時には、間違いを恐れていては英語が喉でひっかかってしまい口から出て来ません。外国語なのだから間違って当然、英語の文法は日本語と違っているのだから失敗しても当たり前、くらいの度胸で、コミュニケーションという試合に出場しましょう。

第二部　英語の学習法

——訳す、スキル、試験、デジタル、そして映画

第6講　訳すことの効用

訳読の評判

「文法訳読」は、英語を使えるようにならない最大の原因として扱われている感がありま す。文法を知り、母語へ訳しながら外国語を読む、という伝統的な外国語学習法は、今や「あんなことをやってるから喋れなくなる」と批判され、肩身が狭くなっているのが現状です。この章では、「訳毒」だと糾弾される「訳読」について、考えてみたいと思います。

文法については、母語話者は意識せずに文法規則を獲得し使っているが外国語学習者は意識的に文法を学ばないと言語を使えるようにならない、という違いはあるものの、言語使用に必須なものであるのは確かです。

それに対して「訳す」という作業は、母語話者ならしないと考えられていますので（実際には、母語でも「訳す」ことはあります。難しいことを易しく言い換えたり、幼児の言うことを親が「通訳する」など）、通訳者や翻訳者ならともかく、ふつうの学習者にとっては不要だ、という考えはあり得るでしょう。読んだ英語をいちいち日本語に訳していたら、時間ばかりかかるし、話せるようにならない、という不満も理解できます。中国から漢籍を学び、オランダ語を通して西洋文明を受容した時代なら読んで訳すことは大切だったろうけれど、グローバル時代の現在は、学んだ英語を使えなければ意味がない、訳しているよりは会話を練習すべきだ、という意見も一理あります。

海外でも、文法訳読は昔から行われていながら評判は悪く、もっと実践的に使えるようにとさまざまな教授法や学習法が考案されてきました。第二次大戦後に流行した「オーディオリンガル・メソッド」は、パターン練習を繰り返すだけでは実際に使えないことが判明して衰退し、次に主流となった「コミュニカティブ・アプローチ」は、コミュニケーションに使えるよう「正確性より流暢性」を重視したところ、文法や発音に難ありの結果となり、文法規則や音声など言語の形式に焦点を合わせて指導する方法（Focus on Form）

で是正しようという研究が始まって、もう二〇年以上になります。

「コミュニカティブ・アプローチ」では、もともと母語の使用を禁止してはいないのですが、英語圏で移民や留学生を対象に教える場合は、学習者の母語が多様なことから、学んでいる外国語（英語学習なら英語）を教室内言語として使用することになります。モノリンガル（一言語使用）の指導法といえます。ところが最近では、母語も使ってのバイリンガル（二言語使用）指導が見直されています。英語学習でも、これまではオール英語（all in English）が効果的とされてきましたが、無理して一言語にしなくても、必要に応じて母語を使用した方が理解が早いという反省が生まれており、母語使用を積極的に認めることの重要性が指摘され始めました。

さらに進んで、海外の言語教育界では、「訳すこと」の効用が見直され、ＴＩＬＴ（translation in language teaching/ translation and interpreting in language teaching）として「通訳翻訳を導入した外国語教育法」が盛んに研究され始めています。

これは何故なのでしょうか。実際の例を見ながら、訳すことの効用を見てみます。

訳すと分かりやすくなる例

二〇一五年秋は、ラグビー・ワールドカップで日本チームが大活躍し、五郎丸歩選手が大人気となりました。「ニュースで英会話」でも、ラグビー・ワールドカップを取り上げました*(1)。

日本が南アフリカに勝利した試合が「最高の試合瞬間」賞に選ばれたというニュースの中に、こういう英文がありました。

The Brave Blossoms delivered one of the biggest upsets in World Cup history in their opening match of the tournament.

(1) 二〇一五年一一月一二日（木）放送"JAPAN WINS 'BEST MATCH MOMENT'"「ラグビー南アフリカ戦〝最高の瞬間〟に」

番組ホームページに掲載した日本語訳は以下の通りです。

「ブレイブブロッサムズ（日本代表）はトーナメントの初戦において、ワールドカップ史上最大の予想外な勝利の1つをおさめました」

Brave Blossoms（勇敢な桜の花）は日本代表チームの愛称です。**deliver**は「配達する」「（成果を）実現する」「実行する」という意味で、**deliver an upset**で、「予想外の勝利を成し遂げる」ということになります。**tournament**は「トーナメント、勝ち抜き大会」で、多くの試合を組み合わせて勝ち残ったら優勝とする方式の競技大会です。定冠詞をつけた**the tournament**（このトーナメント）は、今回のワールドカップを指しています。

問題は、**in their opening match**です。さっと読んだだけですと、オープニングの試合、そうか「開幕戦」のことか、と思いがちですが、訳しながら注意深く読んでいくと、**their**が気になります。ここの「彼ら」って何のこと？　代名詞は必ず前に名詞があるので、もう一度センテンスを頭から読んでみると主語は**the Brave Blossoms**、つまり「日本チーム」であることが分かります。「日本チームのオープニング試合」って、日本語の何に相当するのだろうと考えると、「日本チームの初戦」を指しているらしいことが判明します。実は、私自身はラグビーを知らないし、トーナメントにも詳しくないので、この箇所を深く考えずに読み、何となく「開幕戦」だと思い込んでいたのですが、番組のプロデューサーから「ここにtheirがついてるってことは、日本チームの初戦、ということじゃないですか？」と質問されて読み直し、気がつきました。危うく誤訳をするところでした。

つまり、英語を英語で理解することのひとつの落とし穴は、ざっくり理解することはできても、細かい箇所を見落としがちだということで、それがどうでも良いようなことなら構わないとしても、今回のニュースのように事実関係として誤った解釈をしてしまう可能性があるのです。

トップダウンとボトムアップ

外国語教育で使われる言葉に「トップダウン・リーディング」（top-down reading）と

「ボトムアップ・リーディング」(bottom-up reading) があります。情報処理の用語に由来するものですが、「トップダウン」とは、学習者が既に持っている背景知識を活性化して、英語なら英語の文章の大意を把握することです。知らない単語などがあっても前後の文脈から推測して読み進み、文法を考えたり日本語に訳すことなどはしません。「ボトムアップ」は、反対に、文法的に分析し、単語の意味を調べたりしながら、ひとつひとつのセンテンスを丁寧に読んで全体を理解していきます。いわゆる文法訳読です。

忘れてならないのは、この二つは二律背反ではなく、車の両輪のように、どちらも必要だという点です。ざっと読んで大筋を理解することも、じっくり分析しながら丹念に理解することも、どちらも大切なのです。

目の前にある英文を毎回すべて日本語に訳して読んでいたら、時間がいくらあっても足りず、一年間かけてペーパーバックを一冊読み上げることすらおぼつかなくなります。むしろ多様な英文を、どんどん読みとばしていく多読が効果的であることは研究結果に表れています。

一方で、時と場合によっては、腰を据えて英文をじっくり読むことも、語彙力や読解力を高め、書く力と話す力にもつながります。その際に、訳してみると、英語と日本語との違い、外国語と母語の差異、超え難いほどの言語文化の溝を明確に意識することになり、母語を相対化することが可能になります。そうすると、言語についての感性が鋭敏になり、結果として外国語学習の力が強化されることになるのです。

発信型コミュニケーションに使える通訳翻訳

これまでの話は、英語から日本語への訳出を念頭に置いていましたが、通訳翻訳を試みることは一方通行ではなく、双方向、つまり日本語から英語へも可能です。日本語で書かれた文章を英訳してみる、日本語で話されたことを英語で表現してみる、という日本語から英語への通訳翻訳は、発信型コミュニケーション能力育成に効果的です。

最初から英語で意見を言うのは荷が重くても、誰かが発言したことを英語に通訳してみることを練習しているうちに、自分の考えを英語で表現することができるようになります。

例えば、日本語を英語にする練習として、次のような例文が使えます。

「それほど多くのジャーナリストが、このネタを報道しているわけではない」

これを英訳すると、どうなるか。難しい文章ではありませんが、「ネタ」って英語で何て言うのだろうと考えてしまいます。いろいろな表現が可能ですが、こういう英訳も可能です。

Not many journalists are covering this story.*(2)

なあんだ、「ネタ」って、英語では this story でいいのか、と拍子抜けするほどです。「ネタ」＝「素材」、ここでは報道のことだから「ニュース」、と考えれば良いわけですが、それを英語では「ストーリー」と表現しています。中学レベルの単語です。

日本語を英訳する際には、日本語が具体的に何を指しているかを考えて、他の日本語に言い換えると、該当する英語を思いつくことがあるので、英訳をするということは、すなわち、日本語を分析すること、日本語を深く理解することにつながりますし、英語では案外やさしい単語で間に合うということを発見したりします。

もっとも、この例文で「報道する」という意味で使われている cover は、やさしい単語でありながら、英語を話す時に直ぐには出てこないかもしれません。辞書に載っている訳語を見ると、動詞だけでも「覆う、包む、ふたをする」「一面に覆う」「扱う、取り上げる」「(法律や契約などが)〜に適用される」「取材する、報道する」「(費用を)まかなう」「(保険が)〜を補償の対象とする」等々、さまざまな語義が紹介されています。名詞になれば「表紙」「避難場所」「援護」「見せかけ」「補償」など、これまた、いろいろな日本語が登場します。

英語のニュースでは、coverが、先ほどの例文での「報道する」とは違った意味で出て来ました*(3)。

The parent company president said the subsidiary will cover all the costs for inspection as well as reinforcement and repair of the condo complex.

(2)、(3) NHKラジオ「ワンポイント・ニュースで英会話」"APOLOGY OVER CONDO"「旭化成　年内めどに調査結果を公表」二〇一五年一〇月三〇日(金)放送分のウェブ解説より

「親会社である旭化成の社長は、調査だけでなくマンションの補強と修復にかかる全ての費用を子会社である旭化成建材が負担すると述べました」

同じcoverでも、先の例文では「報道する」という意味で使われ、今度は「費用を負担する」という意味で用いられています。これも、何となく斜め読みしていると気がつかないで飛ばしてしまいそうです。精読し日本語ではどうなるのかを考えてはじめて、coverという小さな単語の意味の広がりが認識できます。

それぞれの言語で単語の意味範囲がずれているので、英語を日本語に訳してみると、えっ、なんでこの単語がこういう意味になるの？　と驚き、言語文化の差異に気づくことになります。もちろん日本語から英語も同じで、英訳してみると日本語と英語の意味のずれが明確に分かります。母語との違いに気づくことは外国語を学ぶ上で極めて大切なことで、ここをないがしろにしていると、外国語を「使える」ようにはならないのです。

このように、ぴったりした訳語を思いつくのが難しいので、通訳者や翻訳者は苦労するわけです。異なる言語を橋渡しすることとの宿命ともいえます。しかし、そういう苦労を経て、通訳者／翻訳者は二つの言語についての理解を深めていくのです。プロの訳者を目指さない学習者も、「訳すこと」で英語と日本語の距離を実感し、英語で自分の考えや意見を分かりやすく述べる術を手に入れられます。

むろん、訳してばかりではなく、時には英語を読んで大意を摑んだり、日本語を介さず英語で話したりの練習も欠かせません。総合的な英語コミュニケーション能力を養うには、英語学習の方法は多様である方が良いのです。ひとつの方法に固執するのではなく、異なる学習方法を積極的に取り入れることで、豊かな言語力が育つように思います。個性の異なる人びとが共に切磋琢磨した方が活気のある社会になるのと同じです。

第7講　英語はスキルか内容か

議論の焦点

英語教育で議論になるのは、技能（スキル）か内容（コンテント）か、どちらに焦点を当てるかという点です。もちろん、本来は二項対立ではなく、英語は内容を表現するために学ぶのであって、それには語彙や文法や発音などのスキルを習得する必要があります。どちらがなくても成り立たない関係のはずです。けれど、実際の授業や学習にあたっては、教える側も学ぶ側も、どちらかに比重を置きがちなのが実態です。

英語を習得するには語彙が欠かせないとなれば、単語の暗記術が提案され、「赤尾の豆単」が大流行した昭和の時代もあります。どうやってボキャブラリーを増やすかというボキャビルの教材は数多《あまた》ありますし、Quizletという、オンラインの単語暗記アプリケーションも出ています。

いや発音が大事だ、となれば、ひとつひとつの母音や子音の攻略法が編み出されます。英語の音をどう発音するか詳細に説明したカードは明治時代から出ていますし、現代ならDVDやインターネットで講師の口のアップを見ながら練習できるようになっています。

一時は下火になった文法書は、今や人気が復活し、がっちり説明した解説書からやさしく書かれたものまで多種あります。絵本のような可愛い本で文法用語はひとつも登場しないけれど、教えている内容は学習英文法そのものという教材が売れた時もありました。

これらはいずれも、ひとつのスキルに特化した指導ですが、これでは内容が空疎だ、内容が空っぽの英語をいくら練習しても、まともな内容を書いたり話したりできるようにはならない、という批判もあります。文学作品を教材に用いる方法は内容重視となるでしょうが、これは従来の読ませて訳す文法訳読法に戻るだけだ、文学作品を味わうことと英語が使えることとは別だ、というのがスキル派の見方です。

言語能力は本来、「聞く」「読む」の受容スキル、「書く」「話す」の発信スキルの4技能から成り立つ総合的な能力です。コミュニケーション志向なら、欧州評議会が開発したCEFR（欧州言語共通参照枠）のように「やり取り」（interaction）を入れて「5技能」にする必要も出てきます。いずれにしても、ひとつのスキルだけでなく、5つの技能をバランスよく学ぶことが大切なのですが、ひとつずつのスキルを磨いて英語力を強化するという考えもありえます。

スキルに特化した学習法で、日本で根強い人気があるのが、シャドーイング（shadowing）と「音読」です。

シャドーイングは同時通訳の基礎訓練

「シャドーイング」とは、聞こえてきた音声をそのまま繰り返すだけの単純な練習ですが、中学の英語検定教科書に取り入れられたことがあるなど、人気があります。効果の有無ははっきりしていませんが、発音が良くなるというよりは、リスニングに効果があったという研究報告はあります。発音矯正までするには、ただ音声教材を聞いて真似するのではなく、文字を確認しながら音と文字を関連付けて分析する必要があるのですが、そこまで授業中にやることは稀です。それでも、聞きながら同じことを声に出して繰り返すので、「話している」という感覚があり、それなりに達成感があることから、生徒や学生が喜ぶ練習方法です。

そもそも、「シャドーイング」は同時通訳の基礎訓練なのですが、どうして、日本で英語教育に使われるようになったのか、よく分かりません。通訳訓練を見たり試したりした人が、これは面白いと考えて使ってみたのかもしれません。

同時通訳者養成になぜこの訓練が入っているかといえば、耳から聞こえた言語を別の言語に訳して瞬時に口から出す、つまり「聞く」と「話す」を同時進行で行うという、通常の会話ではあり得ないことができるようになるために、まずは「訳す」という作業なしで「聞いたことをそのまま繰り返して口から出す」練習をするのだと考えられています。同時通訳訓練を初めて受けた時は、耳から入ってくる英語を聞いていると口が動かず話せませんでした。これじゃダメだと話してみると、自分の声が邪魔になって耳から入ってくる英語が聞こえなくなります。人間は話しながら自分が出す声を確認しているのだと改めて知りました。それでも、しばらくあがきながら続けていると、やがて話している自分の声を無視して耳から聞こえてくる音声に集中できるようになってきます。だから、この訓練を最初にするのだと納得したものです。

ところが、これは同時通訳者になるために必ず行う訓練かというと、そうではなく、パリ第3大学の通訳翻訳高等学院（ESIT）という大学院レベルの通訳者育成コースでは、決してやらせません。理由は、聞こえたことをそのまま真似して発話するような訓練をしてしまうと、訓練生は「通訳というのはオウムのように繰り返すことだ」と誤解してしまうので、不適切な訓練方法である、というのです。確かに、通訳というのは、オウムではできないことです。通訳するには、聞こえてきた言語を「解釈する」ことが欠かせません。「通訳する」ことを英語ではinterpretと言いますが、この語には「解釈する」という意味もあります。通訳とは機械的にできる技術ではなく、聞こえてきた言語のメッセージを理解し、解釈してから、限りなく等価に近い内容を異なる言語で構成する、という複雑な作業であることは、一度でも通訳を試してみれば分かります。そうなると、機械的に繰り返すだけのシャドーイングは、通訳訓練にむしろ有害だという説は妥当かもしれません。

それにしても、なぜ日本の英語教育では、オウムのような繰り返しの練習方法が人気なのでしょう。もしかすると、内容まで考えずに繰り返す外国語学習法は、内容は二の次にして、漢文を声に出して読む「素読」に慣れている日本人にとって馴染みやすいのかもしれません。そういえば、シャドーイングと同じくらい人気がある英語勉強法は、現代の素読ともいえる「音読」です。

音読

日本の伝統的な外国語学習法に「素読」があります。漢籍をひたすら声に出して読んで学ぶ素読は、長崎通詞もオランダ語や英語の習得に使ったようです。「同時通訳の神様」と呼ばれた國弘正雄さんは、幼い頃に父親から四書五経を素読する手ほどきを受けたそうです。内容など何も分からないまま、ひたすら声に出して読む。中学生になってからはその方法を応用して英語を音読して学びました。その英語学習法で同時通訳者になれるほどの英語力を身につけた体験から、「只管《しかん》朗読」として音読学習法を広めました。

「只管朗読」とは、曹洞宗の開祖道元禅師による「只管打坐《たざ》」（ひたすら坐禅をする）から来ています。暗記しようとは考えずに「ひたすら音読」する練習方法の具体的な内容は、英語の教科書を「毎日」「一定時間」「一定量」「必ず」音読する、一日あたり一時間をめどとするのが基本とのことです。ＣＤを聞いて内容を推測してから音読し、その後、精読して内容を理解することも含まれているので、内容を度外視してひたすら音読するだけではありません。実際に國弘さん自身、音読だけでなく、大量の英文を読み、英語で多用される語句を文章ごとカードに筆写して覚えるなど、多面的な学習をして英語を極めていきます。英語の冠詞を学ぶためにデンマークの学者が著した論文を入手して読んだのが中学生時代というのですから驚きです。

しかし、著書で「英語の教科書を５００回音読」と数字を出していることもあり、音読の回数にこだわる学習者も出てきます。音読の回数だけに固執すると本末転倒になりかねません。目的は英語を学ぶことで、そのためのひとつの方法として「声に出して読む」ことがある、と私は考えています。

私自身が同時通訳者でしたから、他の多くの通訳者と同様、仕事の前には「口ならし」と称して英文を声に出して読み、それが習慣となっていますが、回数を数えるどころか、読むのは1回程度です。音読を始めたのは中学一年生で、英語の先生が「英語は生きた言葉なのだから黙って読んでいてはダメ。声に出して読みなさい」と指導したので、その通りにやってみました。中学生という吸収力抜群の年頃だったことから、暗記しようと思わなくても教科書を音読しているうちに頭に入ってしまい、期末試験もバッチリという成果に気を良くして、音読を続ける習慣がついたように思います。ただ、同じ英文を何度も音読したのは中学生の頃だけで、その後はせいぜい1回か2回くらいですから、「ひたすら」という根性とは程遠い性格なのでしょう。

外国語教育の研究では、声に出して読むと集中できなくなり内容理解が不十分になると音読に反対する学者もいます。黙読と音読のどちらもやっている経験からは、音読することで細部にわたるまで注意が行き届くので、内容理解が妨げられることはないように感じています。それほど重要でない、あるいはたいして興味がない部分は黙読で飛ばし読みの速読ですが、おやっと思う箇所や興味をそそられる部分になると座り直して音読することがあります。ただし、それは多くの場合、新聞や雑誌の記事で、学術論文や文学作品は黙って読むことが多いので、そうなると内容に集中している時には音読ではなく黙読がいいのかもしれません。

となると、音読は、どちらかといえば内容よりはスキルに傾注した学習法なのでしょう。音読の効果は科学的に証明されているわけではありません。何回も音読するほど努力する学習者は、音読だけでなく、書かれている内容を精読したり、次には多読したりと、さまざまな学習法を実践していることが多いので、「ひたすら音読」という方法だけでどの程度の効果があるかを調べるのは至難です。

日本で音読がこれほど学習者に人気なのは、英語と日本語の音声がかけ離れているため、音読することで英語音声を習得するという目的があるようにも思います。

内容重視の学習法

外国語学習に苦労するのは日本人だけではありません。学校で学ぶ外国語が使えない、という批判も日本独特のものではありません。古今東西を問わずといっても過言ではないほど、昔から外国語学習方法についての議論は絶えません。

文法訳読法では話せるようにならないと、ヨーロッパでは一九世紀から批判が生まれ、ディレクト・メソッドなどに始まる多様な指導方法が提案され、それもやっぱり役に立たないとなって廃れ、かつて一世を風靡したオーディオリンガル・メソッドに代わりコミュニカティブ・アプローチ（CLT＝Communicative Language Teaching）が大流行しています。日本の学校英語教育もこの流れに沿い、文法訳読法から現在のコミュニカティブ・アプローチに変わって既に二〇年以上が経っています。ところが、最初は万能に見えたコミュニカティブ・アプローチも、期待していたほどの効果は世界的にあがっていないことから、最近は、外国語はスキルだけを学んでも使えるようにはならない、という反省が海外で生まれています。

つまり、これまでは「英語を、英語で」学び教えてきたけれど、そうではなく、何かを「英語で」学ぶことが大切なのではないか、という考えです。言葉だけを切り離して学習するのではなく、言葉が使われるコンテクスト（文脈や状況）の中において学ぶには、むしろ内容に力点を置いて、付随的に外国語を学習する方が良い、という考えは、最初は「内容重視アプローチ」（content-based teaching）として研究され、主として高等教育レベルで試されてきましたが、取り上げるテーマと英語を結びつけるという方法で日本の中等教育でも導入されています。それが一歩進み、最新の外国語教育では「内容と言語を統合する学習」（CLIL＝content and language integrated learning）が試みられています。

内容と言語を統合する学習アプローチは、content（内容）、communication（コミュニケーション）、cognition（認知＝論理的思考力）、community（協同学習）、culture（文化）を組み合わせ、内容を学ぶことで外国語学習に意味を与え、学習者が既に持っている知識と関連づけて外国語学習を促進することを狙っています。

「内容と言語を統合する学習」の10大原理は次の通りです＊(1)。

①　内容学習と言語学習の比率は、一対一
②　生の教材（新聞、雑誌、ウェブなど）の使用を奨励する
③　文字に加え、音声、数字、視覚（図や映像）による情報を与える
④　多様なレベルの思考力（暗記、理解、応用、分析、評価、創造）を活用する
⑤　タスク（授業内に行う課題）を多く与える
⑥　協同学習を重視する
⑦　内容と言語の両面での足場（学習の手助け）を用意する
⑧　異文化理解や国際問題の要素を入れる
⑨　4技能をバランスよく統合して使う
⑩　学習スキルの指導を行う

「内容と言語を統合する学習」では、学んでいる言語だけにこだわらず、授業中に母語を

使用することを肯定的に捉えます*(2)。

現行の高等学校学習指導要領では、「英語の授業は基本的に英語で行う」とされており、次期の改訂では中学でも「英語で行う」ことに発展しそうです。外国語授業で母語の使用を認めるかどうかは、指導方法によって異なります。第二次大戦後にミシガン大学で開発されたオーディオリンガル・メソッドは、パターン練習に基づく口頭スキル中心の指導方法で、母語使用を禁じました。やがて機械的な反復練習では使えるようにならないと批判が生まれ、コミュニケーションに使えることを目的としたコミュニカティブ・アプローチが登場しました。この指導法では、学習している外国語をどんどん使いながら学びますが、母語の使用を禁じているわけではありません。「内容と言語を統合する学習」では、学習している言語を使用して外国語以外の教科やテーマを学びますが、時と場合によ

(1) 池田真（二〇一一）「CLILと英文法指導：内容学習と言語学習の統合」、『英語教育』二〇一一年一〇月号より抜粋
(2) Coyle, D., Hood. P. & Marsh, D. (2010). *Content and Language Integrated Learning*. Cambridge University Press.

って母語を使うことを許容する緩やかなアプローチです。

「内容言語統合」が導入されるのは、教科を外国語で教える場合が一般的ですが、外国語教育でこの学習理論を取り入れることも可能です。たとえば外国語の授業で異文化コミュニケーションについて、グローバル社会や多文化共生の課題に関するテーマを取り上げ、それについて調べ、レポートを書き、発表し、討論する活動を通して、学習している外国語を実際に使いつつ内容を学ぶことで、やがて自分の意見や考えを外国語で論理的に語る力を育成することができます。

一人でやる「内容重視」の英語学習

「シャドーイング」や「音読」などの学習方法は、一人でも簡単にできるスキル習得法です。それに比べて「内容重視」や「内容言語統合」の学習方法が一般の学習者に広まらず、人気にもならないのは、回数などの目安で測ることができないので達成感がイマイチなことと、一人ではやりにくいからでしょう。テーマを与えてもらい、討論や発表などを英語で行い、それを先生に見てもらうのは、学校という場でなら可能ですが、家で、一人では、やりにくい。ただ、できないことはないですし、英語を学ぶ目的を考えれば、内容を伴わない英語学習は意味がないともいえます。では、どうしたら良いのか。

好きなことを英語でやる、というのがひとつの案です。自分に興味があることなら、どのような内容でも構いません。

陸上が好きなら、英字新聞で陸上競技についての記事を音読し、衛星中継を英語で聞く。これだけでも立派な「内容と言語を統合した学習」です。二〇二〇年東京オリンピックに向けて、さまざまなスポーツの実況中継を英語で楽しむことは、そのまま英語学習に繫がります。

料理が得意なら、インターネットで検索して英語で書かれたレシピを読んで作ってみる。友人に食べてもらって感想を英語で聞けばリスニング練習にもなります。作り方を英語で説明してみれば、読む、聞く、の受容スキルに加えて、話すという発信スキルの練習にもなります。

つまり、英語のスキルを習得することに主眼を置かないで、自分が関心のある内容を英語で読んだり書いたり話したりに集中することで、結果的に英語の力がつくことになります。日本人がグローバル市民としての英語を学ぶのは、自分の意見や考えを主張する、日本について説明するなどの発信型コミュニケーションの習得が目的とならざるをえません。そのような英語力を獲得するには、「何かを英語で」という、内容重視の学習法が適しているると考えています。

第8講　英語力試験にめげない、振り回されない

英語検定試験のいろいろ

英語格差を、これでもか、と見せつけてくれるのが、日本では「英語検定試験」「英語の外部試験」と呼ばれることの多い、各種の英語能力測定試験です。なにしろ英語力が点数という数値で示されるので、それだけで動かぬ証拠といった感じになり、高得点を得た少数の人たち以外の多くは、落ち込みます。何とか挽回しようと必死に頑張れば学習の推進力になるでしょうが、めげたまま英語嫌いへの道を辿る学習者はずいぶん多いようです。

英語力を測定する試験の受験料は数千円から二万円を超すものまでありますし、二時間

かかる試験から四時間半かかるものまであって疲労困憊、結果を見ると自己嫌悪に陥ります。お金を払って疲れた上に不愉快になるなら、受けなければ良いようなものですが、そうはいかないのが、昨今の日本です。なんでこんなものに振り回されるんだ、と腹が立っても、就職となればＴＯＥＩＣ*[1]（トーイック）というビジネス英語のスコアが必要だと言われ、７３０点を超えないと採用しない、昇進はないという企業もあるようです。

アメリカやカナダの大学に留学するために必要であるＴＯＥＦＬ*[2]（トーフル）という英語能力試験が最近とみに脚光を浴び、海外留学だけでなく、大学入試にも使うべきだという提案が政府の審議会から出てきたりしています。

この二つは米国ニュージャージー州にあるＥＴＳ*[3]というテスト専門機関が作成していますが、英国製では、留学時に必要なＩＥＬＴＳ*[4]（アイエルツ）や、ビジネス英語のＢＵＬＡＴＳ*[5]（ブラッツ）があり、日本製のテストでは、おなじみの英検（ＳＴＥＰ）やＧＴＥＣ*[6]（ジーテック）があります。

あまりにいろいろあり過ぎて、どれを受けたら良いのか迷うほどですが、日本の企業で求めるビジネス英語力の判定としては、国際ビジネスコミュニケーション協会が提供するＴＯＥＩＣが圧倒的な知名度で、多くの大学が就活に備え学生に受験させています。

米国やカナダへの留学ならＴＯＥＦＬの公式スコアが必要です。日本の大学などで団体受験するＴＯＥＦＬ-ＩＴＰは、進度別クラス編成に使われることが多いのですが、留学の際の公式スコアとしては認められません。公式に認められるのは、ＴＯＥＦＬ-ｉＢＴです*(7)。インターネット形式のｉＢＴは、２３０ドルの受験料を払い四時間半かけてコンピューターで受験します。内容は、「読む、聞く、話す、書く」の４技能で、英語圏の大学で学ぶための力があるかどうかアカデミックな英語力を測定しますので、語彙、文法、読解、英語式論理構成など総合的な英語力が問われ、英会話ができる程度では歯が立たな

---

(1) Test of English for International Communication
(2) Test of English as a Foreign Language
(3) Educational Testing Service
(4) International English Language Testing System
(5) Business Language Testing Service
(6) Global Test of English Communication
(7) 従来型のペーパー版（ＴＯＥＦＬ ＰＢＴ）は、インターネットが使用できない地域でのみ実施されています

い試験内容です。

英国やオーストラリア、ニュージーランドへの留学には、ＩＥＬＴＳのスコアが求められます。こちらも大学などの場で必要なアカデミックな英語力を測りますが、英語での面接を実施して対面で話す力も見るようになっています。

日本の中学高校で英語力診断に多く使われるのは、英検とＧＴＥＣです。ベネッセのＧＴＥＣはスコアが数字で出ますが、英検は１級を頂点に下は５級まで７段階のレベルで表示されます。１級合格者はごく少数で、ふつうは準１級です。中高の英語教師でさえ半数が準１級とのことです。大学受験は２級レベルとされていたのは過去の話のようで、最近の高校三年生は準２級が大半です。

「集団基準」と「目標基準」

このように、世の中には多種多様な英語能力試験がありますが、共通点は、すべて「集団基準準拠」という種類のテストであることです。つまり、集団の中で他の受験者と比較することが目的の熟達度判定テストです。一人一人がそれまでどういう英語教育を受けてきたかということには関わりなく作られたテストなのです。

学校で受ける試験は、学習状況を調べる診断テストや、期末テストのように学習事項が定着しているかをみる達成度テストなど「目標基準準拠」と呼ばれる種類のテストですが、「集団基準準拠」は違います。大勢の受験者の中で、自分がどの程度かを教えてくれるものなのです*⑻。

つまり英語能力試験とは、「今の自分の英語力が、他の人たちと比べた時にどの程度か」を調べるものなのだ、と割り切れば良いのです。一生懸命に英語を勉強したら、他の人たちと比べてどのくらいの実力になっただろうと知りたくなるのは人情ですから、そのつもりで受ければ良いのです。もっとも、分かってはいても、数字というのは妙に説得力があるので、スコアが出れば動揺します。就職や海外留学に影響するとなればなおさらです。

⑻ 詳しくは以下を参照して下さい。鳥飼玖美子（二〇一三）「英語コミュニケーション能力は測れるか」、大津由紀雄・江利川春雄・斎藤兆史・鳥飼玖美子『英語教育、迫り来る破綻』（ひつじ書房）八三–一一六頁

でも、対策はあります。過去問で練習すれば、そのテストの特徴を知り、出題傾向に慣れることができます。どのテストも、学習対策本やオンライン教材をそろえていますから、いくらでも準備が可能です。それでも初めての受験は緊張するものですが、たとえ失敗しても、次からはコツが呑み込めて、たいていはスコアが上がります。何度も受験すれば、お金はかかるし、時間とエネルギーは使います。でも、履歴書に書かねばならない、入学申込書にスコアを添えなければならないのなら、傾向を分析し対策を練って、やるっきゃないでしょう。

英語検定試験とコミュニケーション能力

さて、ここで問題を指摘しなければなりません。英語能力試験が共通に持つ弱点です。どの英語能力試験も、集団基準準拠の標準テストとして、よく練られていますが、コミュニケーション能力をどこまで測定できるか、という根本的な問題を抱えています。これは各種の標準試験に問題があるのではなく、人間のコミュニケーション行動が極めて複雑なことに起因します。

英語能力試験が4技能（聞く、読む、話す、書く）を測定するといっても、試験問題作成者が作った対話やミニレクチャーを聞いたり読んだりして選択肢から正解を選ぶというのは、人工的なコミュニケーションであって、現実の世界で起こるコミュニケーションではあり得ないことです。

日常的なコミュニケーションでは、相手が何を話すかは予測できないのがふつうで、「今、ここ」で生まれたやりとりに、その場で対応しなければなりません。それだけ生のコミュニケーションはたいへんなのですが、救いもあって、相手の英語が分からなければ聞き返すことができます。しかし、リスニング試験で聞き返すことはできません。

英文を読んでいて分からなければ辞書で調べたり忘れないようにメモを取ったりするのがふつうですが、リーディング試験では辞書持ち込みやメモは許可されないのが通常です。

話すことも、面接テストと現実世界は違います。面接は、相手の英語を聞いて審査しようという試験官と、審査されるために緊張しながら英語で話す受験者、という構図で成り立っていて、これは日常生活とはかけ離れた状況です。実際のコミュニケーションでは、交渉が成立するか、信頼できそうか、という意味での判断は関係しますが、それは人間性を含めた総合的な判断で、話す英語だけに焦点を当てた審査や判定の場ではありません。自然な対話では、相手と自分との関係（同僚か上司か、友人か赤の他人かなど）で話し方が違ってくるのは、英語も日本語も同じです。私たちが会話をする際には、相手によって言葉遣いを変え、その場の空気を読んで話すなどは当然ですが、そのような機微まで検定試験では測定できません。

正解がひとつということはあり得ないのがコミュニケーションですが、それを何とか能力として測定し、スコアという数値で示そうとしているのが英語能力試験です。ですから高得点であっても、実際のコミュニケーションで高い能力を発揮するとは限りません。英語能力試験スコアが高いと鳴り物入りで入社した新入社員が、仕事をやらせてみたらさっぱりダメで、商談がまとまらないで困った、という話もあります。逆に、スコアは高くないし、流暢とは言えない英語をしゃべるのだけれど、なぜか海外で成功する、という人もいます。英語能力試験は、ビジネスの場における人間力や仕事力まで測るわけではないので、限界があるのは当然です。あくまで英語力の参考に過ぎないので、過信すると失敗します。

そう、英語能力試験は、英語力の一部は測ってくれますが、すべてを測定しているわけではないのです。それを理解した上で参考にするべきものなのです。それが分かれば、英語能力試験のスコアに追い詰められた気持ちにならずに、淡々と取り組むことができるのではないでしょうか。

第14講「仕事に使える英語」で紹介するノーベル物理学賞の益川敏英さんは、英語の4技能について、「国際ビジネスの現場」は英語が必要なのだろうとしながらも、「学問や研究の世界は、ビジネスの現場とはちょっと話が違う」ので、「入試で一律に、全員に4技能を課すのは、どうかな」と主張しています。ご本人は「読む」の1技能しかできないそうですが、「物理の世界だったら基本的な英単語は知っていますから、あとは文法を調整すればわかる。行間まで読めます。小説だとチンプンカンプンですが」と語っています*(9)。

「英語ができる」「英語ができない」とよく言いますが、「読めるけれど話せない」「会話は得意だけれど読めない、書けない」「何とか話せるけれど相手の言うことが聞き取れない」「書けるけれど話すのは苦手」など、個々人によって英語力の実像は千差万別です。それを反映して、CEFR（欧州言語共通参照枠）という各言語共通の評価尺度では、能力

(9) 朝日新聞、二〇一四年一一月二六日付朝刊、17面

をCan Doという文で記述して詳細に表現しています。数字で表すことは本来なら無理なほど、複雑きわまるのがコミュニケーション能力です。でも、何か指標があれば便利だということで各種の検定試験が開発されているのですから、経済界にはそれをわきまえて使っていただきたいと思います。そして学習者の皆さんには、英語能力試験に一喜一憂せず、めげず、振り回されず、うまく活用しながら、本物の英語コミュニケーション能力をつけていただきたいと願います。

第9講　デジタルと英語教育

デジタル・ディバイド

「情報格差」という言葉があります。パソコンやインターネットなどを使いこなせる人と使えない人との間に生まれる格差のことです。インターネットを使うにはパソコンなどの機器を購入するお金が必要ですし、コンピューターを使う技術も要ります。それらがないと獲得する情報に差が出て、仕事にも影響があり、収入の格差が生まれます。

これは個人の問題だけでなく、国家間の格差という問題も引き起こします。先進国ではインターネットを使えることは既に当たり前のようになっていますが、発展途上国では通信環境が整備されていない地域もありインターネットを自由に使えるとは限りません。教育環境が不十分だとパソコンを使うＩＴ技術も行き渡りません。結果として情報に格差が生まれ、先進国との間にもともとあった経済的な格差がますます広がります。

そのような「情報格差」のことを、英語では“digital divide”（デジタル・ディバイド）と呼びます。名詞の digit は「（0から9までの）数字」「桁」という意味で、形容詞の digital は英和辞書によっては「デジタルの」としか載っていません。これでは何のことか分からないのですが、「デジタル」というのは既に日本語になっているようです。

ＩＴ用語辞典によれば「デジタル」とは「機械で情報を扱う際の表現方法のひとつ」で、「情報を0と1の数字の組み合わせ、あるいはオンとオフで扱う方式」のことで、数値や文字、音声、画像など、物理的な量や状態をデジタルのデータに変換することを digitize と言います。

「デジタル」の対語は「アナログ」“analogue/analog”で、「情報を電圧の変化など連続的な物理量の変化に対応づけて表現し、保存、伝送する方式」のことです。

うーん、そんなに難しいことだったのか、と思っていたら、インターネットは便利です。「今さら聞けない『デジタル』と『アナログ』の違い」としてネット情報をまとめたものがありました。そこにはとても簡単な説明が出ていて、「デジタルとはデータを整数値で表現する」「アナログは、時計や温度計などのように、連続した量（例えば時間）を他の連続した量（例えば角度）で表示する」とあります。そういうことなのですね。だから英語では「相似の」という意味の analog という単語を使うのだと分かりました。

続いてもう少し説明があって、デジタルは「数値化されたもの」、アナログは「数値化されていないもの」という違いがあり、別の表現ではデジタルは「自動」、アナログは「手動」という違いとも言える。そしてデジタルは「先進的でハイテク」、アナログは「時代遅れ」という意味でも使われると紹介されていました。そういえば、最近は、カメラもデジタル、時計もデジタル、テレビもデジタルです。つまり、デジタルでないと「時代遅れ」なので、デジタル・ディバイドになるわけです。

英語教育でのデジタル

近頃は、英語教育でもデジタル化が進んでいると感じます。デジタル教科書に電子黒板、電子辞書。デジタル世代の生徒は慣れているでしょうが、黒板にチョークというアナログ世代の先生は大変でしょう。

通訳者の世界も同じです。一昔前までのプロ同時通訳者は、専門用語を覚えるために用語集を手書きで作っていましたが、最近のプロ通訳者はパソコンにデータを取り込んで自分なりのデータベースを構築しているようです。手書きの用語集などというアナログは時代遅れになってしまいました。

それでも、外国語学習には、デジタルだけでなく、アナログも必要ではないかと思うことがあります。「書く」という作業と単語の「記憶」との関係は特にそうです。

ミシガン・メソッドという英語教授法で著名だったミシガン大学ラド教授（Robert Lado）にだいぶ前にインタビューしたことがあり、その時に氏が強調していたのは、「自分の手で外国語を書くと、定着するのだ」ということでした。「専門的にどういう説明になるのか分からないけれど、脳と手足はつながっているからだろう、手を動かすことで単語や語句やセンテンスが頭の中に記憶されやすくなるのは確かだ」という主張は、経験的に私も同感です。英語を実際に手で書いていると記憶に定着するという実感は確実にあります。それと反対に感じているのは、パソコンで原稿を書くようになってから、漢字が書けなくなったことです。読めるのだけれど、さて書いてみようとすると、書けない。小中学生の頃の自分なら難なく書けた漢字が書けず、はたと考えてしまうというのは何とも情けない。インターネットで調べながらパソコン画面で原稿を書くというのは、書くこと自体が楽ですし、書き直しも簡単です。一字ずつマス目を埋めていく原稿用紙に比べてパソコンソフトは何と便利なことかと思いますが、失うものもあるわけです。

母語でさえ、漢字を書く力がこんなに劣化するのですから、外国語学習では、デジタルで得るものと同時に失うものがもっとあるはずです。

二〇〇九年にＮＨＫが「ニュースで英会話」という英語番組を開始した当初は、番組テキストはありませんでした。番組ホームページにその週のニュースを映像と音声で流し、日本語訳と解説と単語リスト、実力テストまで付けたので、テキストは不要だと判断されたためです。ところが、番組が開始すると視聴者からＮＨＫに対し、なぜテキストがないのか、と苦情が多く来ました。ニュース素材も必要な解説などもすべてウェブで提供していると説明しても、「だって、パソコン画面じゃ赤線を引きながら勉強できない」と反論されたとのことです。

日本の英語学習者は、「赤線を引きながら読んで勉強する」というアナログの強みを知っているから、デジタルだけの情報提供が不満で、昔ながらのテキストを望んだように思います。結局、視聴者の要望に応えて、紙媒体の『NHKニュースで英会話』も発売することになり現在に至っています。

やっぱり言語学習には、デジタルとアナログの両方が必要なのでしょう。

そのようなことを考えていた折に、デジタル教育に関する興味深いシンポジウムを聞く機会がありました。

デジタルコンテンツと教育

NHKが毎年開催している「日本賞」という、教育番組の国際コンクール*(1)があります。二〇一五年はその50周年ということで、一〇月一五日から二二日までのプログラムが外部にも一部公開されました。コンテストだけでなく、「異文化へのリテラシーのために」(Literacy Towards Understanding Different Cultures) などのシンポジウムも組まれており、そのひとつに「デジタルコンテンツの明日」(Exploring the Future of Digital Learning) というセッションがありました。

専門的な話なのかなと思いつつ参加してみたところ、パネリストと、教育番組制作者が中心の聴衆との間の議論は、「教育とは何か?」という根本的な内容に発展し、思わず引き込まれました。

きっかけはフロアから出た質問でした。長年、教育番組を作ってきたという外国からの参加者が、「自分の子供に、こう言われて考え込んでしまった」というのです。「何か知りたければ、その度に、グーグル(Google)すればすむのに、なんで勉強して覚えないといけないの?」という現代の子供らしい素朴な疑問です。

確かに今の子供たちの多くは、パソコンやインターネットが珍しくない時代に育っていますし、インターネットを使えば単語の意味も歴史的な事件や人物についても、いくらでも情報が出てくることを知っています。教科書を読んで覚える必要などなさそうな感じもあります。

さて、パネリストはどう答えるか、と興味が涌きました。一人は米国から参加のジョージ・ルーカス教育財団の特別顧問。もう一人はデザイン・エンジニアリング会社代表を務める若い日本人でした。二人から出た意見は、これからの若者はITが当たり前の世代な

(1) Japan Prize: International contest for educational media

ので、それを前提とした教育を考えるべき、というのが一点。さらに、事実や情報を得ることはグーグルで検索すれば可能だけれど、その内容を理解することは別であって、得た情報をどのように理解し、使うか、それを可能にする感性（sensitivity）を養うためにこそ教育がある、という点でした。

デジタルコンテンツの専門家から、「論理」ではなく、「感性」という言葉が出たことが新鮮でした。

フロアからは「人がものを考え、思考するには、基盤となる知識が欠かせないはずだ。知識を与えない教育はありえないと思う」という問題提起も出され、白熱した議論となりました。

米国から参加のパネリスト、チェン（Milton Chen）さんは「セサミストリート」制作にも関わった経験から、教育とは、まず intrapersonal（自己内）の対話から始まり、次に interpersonal（対人間）の対話、そして cognitive（認知的）な発達につなげる、そのためにデジタルコンテンツは peer teaching（仲間と教え合う）、collaboration（協同）、そして、diversity（多様性）を提供できる、と語りました。仲間同士で教え合い助け合う協同学習（collaborative learning）は最近の教育で注目されていますし、「多様性」は、持続可能な多文化社会の実現には欠かせません。「仲間との協同ができる多様性のある教育環境から知識を生かす感性が生まれる」という教育理念がデジタル教材の土台になるという視点は、納得のいくものでした。

英語学習の面から付け加えると、英語力があれば検索する対象の情報量が倍増します。英語で検索して得ることのできる情報の質と量は、日本語だけで得た情報とは比較にならないほどです。これだけでも英語力がデジタル・ディバイドを越える一助になることが分かります。それだけではなく、英語力があれば、玉石混交の情報の山から必要な知識を取り出すことを可能にする理解力と批判力（critical thinking）が備わります。英語格差を越えることは情報格差を越えることになるわけです。

ちなみに、日本人のパネリストである田川欣哉さんは、日本政府のビッグデータ・ビジュアライゼーション・システムに関わるなど幅広く活躍しているとのことで、東京大学を卒業してから英国でデザイン・エンジニアリングを学び、今は英国の大学で客員教授をしているそうです。すべて英語で行われたシンポジウムで、発表は準備してきたとしても、聴衆との丁々発止のやりとりで自分の考えをしっかりした英語で臆せず主張している姿は、自分の専門を持って英語を使い世界で活躍するグローバル市民像にぴったりで、こういう若手が日本から出ていることは頼もしい、と心強く感じました。

第10講　映画で英語

日本語字幕と吹き替え

洋画を観る、というのは英語学習の定番のようです。昔も今も、英語好きは決まって洋画を観ている印象があります。異論を唱えているのは私の知っている限りでは、元日本マイクロソフト社長だった成毛眞《なるけまこと》さんくらいでしょうか。映画は難易度が高いので、ふつうの学習者が観ても英語力がつくほどにはならない、という主張でした。

そう言えば、映画によっては、何を言っているのか、さっぱり聞き取れません。中には、分かるまで何度も映画を観るという頑張り屋もいますが、多くは「日本語字幕」に頼ってしまうようです。

ある大学生に「英語の勉強で、授業以外に何をしている？」と聞いてみたところ、「映画をたくさん観ています」と答えたので、「字幕なし？」と確認したら、「日本語字幕つきです」と答えました。でも、日本語字幕を読みながら観た洋画は、分かったような気になるだけで実は英語の学習にはなりません。肝心の英語は断片的にしか耳に入ってこないからです。それでも学習者は「日本語字幕に頼りながら洋画で英語を勉強する」のが好きなようです。だいぶ前に、日本語ではなく英語の字幕付きビデオ教材を作成したことがありますが、あまり売れませんでした。洋画の英語を聞きながら英語の字幕を読むなんて芸当は無理、ということなのでしょう。

大学で使う英語教材も、日本語訳がついていないものは売れない、と出版社から聞いたことがあります。英語を学びたい、ものにしたい、と切望しながらも、日本語訳がついていないとだめ、という学習者の心理は不思議です。

もっと不思議なのは、「英語を使えるようになりたい」「生きた英語を学びたい」と誰もが判で押したように言うのに、テレビでは「日本語の吹き替え」が主流である現実です。テレビ局が制作費の観点から、字幕より割安らしい吹き替えを選択するのはやむをえないでしょうが、視聴者から吹き替え反対という苦情などは全く来ないと聞きましたので、おそらく誰もが日本語の吹き替えで満足しているのでしょう。しかし、日本語に吹き替えられた映画やドラマやニュースをいくら観ても、英語は学べません。英語独特の音声が消えてしまい、話されている英語に潜む文化も消えてしまいます。

ディズニー映画の『アナと雪の女王』が爆発的な人気でしたが、『アナ雪』を日本語の吹き替えで観ているだけでは、英語で観たのと同じと言えるのかどうか。

私は最初、日本語吹き替えを上映している映画館にたまたま入ってしまい、「日本語で流行っているのだから、これで良いか」と考えていたのですが、英語通の友人に「英語で観ると、日本語と全然違う映画なんだから、英語で観なくっちゃ」と言われました。そんなに違うのかな？ と思いながら海外出張の機内で英語版を観て、「なるほど、違うって、このことか」と思いました。そもそも「アナ」は、Annaで、音が違います。英語タイトルは“Frozen”（凍った）であって「雪」ではありません。人気の主題歌も、“Let It Go”の意味は「ありのまま」とはニュアンスが違い、いつまでも腹を立てていても「しょうがない」「放っておけ」、そんな悩み「忘れちゃえ」ほどの意味です。ところが、日本語訳を「ありのまま」にしたのは理由があったとのことです。アニメの主題歌ですから、歌っているエルサの口の動きと合わせる必要がある。「レリゴー」（let it go）を「ありのままの」という日本語にすれば、口の動きが同じようになるというのです。英語版のオリジナルと同じ意味ではないけれど、歌と物語のメッセージを表現していることから大ヒット曲になったようです。この思いきった日本語訳をしたのは、高橋知伽江《ちかえ》さんという翻訳者であり訳詞家とのことです。

英語学習者としては、このディズニー映画を日本語吹き替えだけで満足するのではなく、英語と日本語の両方で観て比較検討すると、学びが深まります。ついでに、この曲を二五ヵ国語で歌った動画を観て、もうひとつの外国語を学ぶという、次へのステップへ進むのも楽しそうです。

映画で英語を学ぶには

映画にしてもドラマにしても、分からないながらも英語で観てみると、こういう場面でこういう表現を使うのか、この単語はこういう時にはこう発音するのか、などという発見がたくさんあります。言ってみれば、映画で英語を学ぶことは、特定の状況（コンテクスト）でどのように言語が使われるのかを理解することにつながるのです。英語学習者は、英語という異質な文化に接したいので、字幕付きであっても洋画にこだわるのでしょうが、せっかく観るのなら、もう少し積極的に映画を観ても良いのではないかと思います。

まずは、字幕ではなく英語を聞いて映画を楽しむことです。日本語字幕は可能なら消すか、なるべく読まない。DVDなら何度でも観ることができるので、どうしても分からない場面だけ字幕でチェックしてみる。その際に、少し時間をかけて、オリジナルの英語ではこう言っているのに、日本語訳ではこうなっている、という比較をしてみることも、英語と日本語の距離を知る上で大切です。これも異文化理解につながります。

もっとも英語学習という目的で洋画を観るなら、映画は選んだ方が無難です。ヤクザ映画で日本語を学んだアメリカ人が、英語字幕に"How do you do?"とあったので、せりふの日本語がそれに対応していると思い込んで暗記し、来日してから初対面の日本人に「おひけえなすって」と挨拶してしまった、という失敗談を聞いたことがあります。同様に、西部劇映画で英語を覚えた日本人が、やたら乱暴でぞんざいな英語をテレビ番組の出演者に対して使うので、びっくりしたこともあります。選んだ作品が、どういう種類の映画で、登場人物はどのような人たちで、ふつうの会話に使って構わない英語を話しているのか、などを見極める必要がありますが、そのような判断をすること自体が勉強になります。

私はもともと映画が好きで、英語を学ぶ目的で観るわけではないのですが、時には映画館の暗闇でメモ帳を取り出して面白い表現を書きとめることもあります。アメリカ大統領が主人公の映画“The American President”（一九九五）では、大統領補佐官が、マイケル・ダグラス（Michael Douglas）演じる米国大統領の高校時代の友人でありながら、“Mr. President”と敬称を使い続ける様子に、敬語がないとよく言われるアメリカ社会でも役職による上下関係はあるのだと、社会言語的な実態に関心がわきました。英国王ジョージ六世（エリザベス女王の父）が主人公の“The King's Speech”（二〇一〇）では、「国王としての任務や仕事」を“kinging”と言っていたので、king（国王）という名詞を動詞に使うという発見がありました。国王の吃音を直すための発音訓練も興味深いものでした。発音訓練といえば、何と言っても“My Fair Lady”です。ロンドン下町育ちのイライザが訛りを矯正して上流階級の品の良い発音で英語を話せるようになるまでの物語は、外国語としての英語を学ぶ身にも参考になるところが大でした。

NHK「ニュースで英会話」で一時期、映画を取り上げたことがあります。ハリウッド映画“Olympus Has Fallen”（二〇一三）で主役を演じたジェラード・バトラー（Gerard Butler）をインタビューし、スコットランド生まれなのにアメリカ人の役を演じるため、苦労してアメリカ英語を学んだという話を聞きました。朝から発音の特訓を受け、昼も夜もアメリカ英語を練習して過ごしたと聞き、この半分くらいでも努力すれば日本人も英語の発音を習得できると感じ入りました。

「ファン・サブ」

「最近の若者は」、と年配者は必ずといって良いほど文句を言いますが、実は最近の若者は、映像で外国語を学ぶことについては長《た》けていると感心します。日本のマンガやアニメは世界中で大人気ですから、日本のアニメに魅せられて日本語を学び、やがて日本に留学するまでになった、という若者が各国にいます。フィンランドでそのような大学生に会い、マンガとアニメだけで、これほど日本語が出来るようになるとは、と感嘆したことがあります。

日本のアニメが海外で公開される際には英語訳が字幕でつきますが、アニメ・ファンの若者たちはプロの翻訳に飽きたらず、自分たちで英語訳を考えてインターネット上で発表し合います。これを翻訳研究者は「ファン・サブ」と呼んでいます。ファンによるサブタイトル（subtitle)、つまりファンが手がけた字幕翻訳、という意味です。これは違法となる場合もあるのですが、世界中のアニメ・ファンが趣味で自分なりの翻訳をして披露します。日本の若者も参加して、宮崎駿監督のアニメの英語訳についても、さまざまな辛口の意見が飛び交ったりするようです。

黙って日本語字幕を眺めて洋画を観るという受け身の姿勢ではなく、既にある字幕翻訳を批判的に読み、よりよい英訳を考えて意見交換するという発信型の姿勢は、新たな英語学習者の姿と言えるかもしれません。

「英文和訳」なんてことをやるから英語を話せるようにならないのだと、学校英語教育が批判されるようになって久しく、最近はもっぱらオーラル・コミュニケーションで聞いたり話したりが重視され、英文和訳など古めかしいことは教室から消えた感があります。ただ、同じ「翻訳」でも、日本語から英語に訳すことは相当に能動的な活動で、発信型英語の習得には有効です。アニメの英訳だけでなく、英語になった日本映画を楽しむことも、ひと味変わった英語学習法になり得ます。

日本映画を英語で楽しむ

私の好きな日本映画に『おくりびと』（二〇〇八）がありますが、この映画の英語版はアメリカでも大ヒットしました。カリフォルニア大学の応用言語学教授が観て感激したと話しはじめ、あの場面が最高だね、あの映画は日本的だと思ったけれど意外に普遍性があるんだ、などと大いに盛り上がりました。日本語のタイトル「おくりびと」が英語でどうなっているのかと思ったら、"Departures" というのだそうです。「ふーん、departure かあ」とつぶやいたら、その先生に "Departures!" と複数の "s" を強く発音して注意されてしまいました。"departure" は数えられる（可算）名詞で使うこともあり数えられない（不可算）名詞の時もあり、「旅立ち」という意味で使われる時は通常なら数えられない名詞として扱うのですが、そうか、いろいろな人びとが世を去る様子を描いた映画だから departures なのか、と妙に納得し、departure がどういう時に複数として使われるかを調べたりしました。日本語タイトルでは「おくりびと」と呼ばれる納棺師に焦点を合わせ、英語タイトルでは、この世から死者を送り出す人間と、あの世に送られる人間とが共有する「旅立ち」(departure) に焦点を当てているわけで、この視点の違いも興味が尽きません。

最近は日本映画のリメイク作品も出てきて、新たな楽しみが増えました。『Shall we ダンス?』(一九九六) という抱腹絶倒の日本映画が、"Shall We Dance?" (二〇〇四) というハリウッド映画になり、『ハチ公物語』(一九八七) が "Hachi: A Dog's Tale" (二〇〇九) となり、両方とも話題になりました。"Hachi" の時も私は上映館を間違えて、日本語吹き替えの映画を観るはめになりました。もともとは日本の犬の物語がハリウッド映画にアレンジされ、リチャード・ギア (Richard Gere) のせりふを日本語で聞くという、文化と言語が逆転したような奇妙な体験でした。

動機付けとしての外国映画

英語の映画についてあれこれ思い出しているうちに、受け身で観る英語の映画が必ずしも無駄だというわけではないような気がしてきました。日本語字幕の助けを借りて観た映画に感激して、原作を英語で読む気になることは、結構あります。映画史上屈指の名作とされる『風と共に去りぬ』(Gone with the Wind、一九三九)は、日本でも初公開の一九五二年以来ロングランの大ヒットとなり、その後、何度もリバイバル上映されています。その名画を何かの折に観て原作を読みたくなり、最初は日本語訳で、やがて英語でMargaret Mitchellの原作を読みました。最近になって、友人が新訳を刊行したので久しぶりに『風と共に去りぬ』(荒このみ訳)を楽しみ、またもや英語でも読み始めたくらいです。ジェーン・オースティン(Jane Austen)の名前は知っていても本を読んだことはなかったのですが、"Pride and Prejudice"(二〇〇五)を観てから原作を読みたくなり、オースティンが描く一九世紀のイングランドにはまってしまったくらいです。

そう、外国映画というのは、映像の力で異文化を目の当たりにすることを可能にしてくれると同時に、もっと理解したい、もっと知りたいという欲求を喚起する力があるようです。その意味で、外国映画は外国語学習の強い動機付けになるのかもしれません。昔も今も、誰もが映画で英語を勉強してきた秘密が分かったような気がします。

第11講　長崎通詞の英会話習得法

オランダ通詞

「長崎通詞」について知っている方は少ないかもしれません。今の言葉で言えば「通訳者」のことです。ただし、大きな違いがあって、現代の通訳者は、企業内通訳者を除けば、ふつうはフリーランスの通訳業です。ところが「長崎通詞」は、江戸幕府の直轄地である長崎で通訳の仕事に従事する地役人です。いってみれば、通訳専門の地方公務員なのだけれど給与は中央政府から支払われているわけです。しかも現代の通訳者と決定的に違うのは、世襲制で、男子が跡継ぎとなります。男の子がいない場合、もしくはいても通訳には向かない場合は、他の通詞の家から養子をもらい跡継ぎとします。ちょうど歌舞伎の世界のように幼い頃から技能を伝授し、力をつけていくと格が上がり、最高位は「大通詞」です。

最初の頃は中国語を専門にする唐通事、次にポルトガル語の南蛮通詞、鎖国してからはオランダ語専門の阿蘭陀通詞が登場しました。通詞たちは、既に知っている中国語の知識を援用してポルトガル語を学び、次にはその言語知識を生かしてオランダ語を習得しました。長崎通詞の仕事は通訳だけではなく、貿易に関する実務や外交交渉、学術書の翻訳など幅広かったので、まずは読み書きから入り、やがて話すことに進むという方法で、相当な外国語能力を身につけました。

幕末に近くなると、西欧列強がアジアに進出し始め、一八〇八年にはイギリス船がオランダ船と偽って長崎に入港して薪水や食糧を要求し、大騒動になりました。このフェートン号事件で英語の重要性を認識した幕府は、オランダ通詞に英語習得を命じました。これまでオランダ語で仕事をしてきた通訳者が、いきなり、英語も学んで通訳ができるまでになりなさい、と政府から命令されたのです。通詞たちは、オランダ語の知識を基に英語を学習しようとしましたが、教える先生も教科書も辞書もない状態ですので、相当な苦労を伴ったであろうことは想像に難くありません。

オランダ通詞は蘭日辞書を編纂するほどオランダ語の力量はあったのですが、英語はオランダ商館員であるオランダ人から学ぶしかありません。英語を教えることになったオランダ商館員は教育者ではありませんので、どうして教えてよいか分かりません。ブロムホフというオランダ人が教えた際には、教え方が非効率的だと感じた通詞たちから、「このやり方では効果があがらないので、方法を変えて、こうしたらどうでしょうか」と提案が出たこともありました。通詞たちは熱心に学習したようですが、先生は英語教師ではないオランダ人、CDもラジオ・テレビの英語講座もないのですから、正しい発音を確認することもかなわず、オランダ語訛りの英語を話したようです。一八二四年に英国の捕鯨船が来航し、乗組員の通訳を命じられた際には、お互いの言っていることが全く通じなかったようです。

通詞に英語を教えたラナルド・マクドナルド

ちょうどその頃、日本に密入国しようと試みたのが、アメリカ人のラナルド・マクドナルドです。この青年は、ネイティブ・アメリカンの母親と白人の父親との間に生まれ、自分の祖先は日本から来たと考え、日本に強い憧れを持っていました。やがてマクドナルドは、捕鯨船に乗り込み、遠く離れたアジアの国までやってきました。マクドナルドは日本に近づくと、捕鯨船からおろしてもらい一人で北の利尻島に上陸しますが、すぐに見つかって座敷牢に入れられます。そこからマクドナルドの異文化体験が始まります。やがて幕府の命令で当時の仕来りに従い、マクドナルドは密入国者として南の長崎へ送られ、座敷牢で過ごします。その間、通詞たちは毎日のようにマクドナルドを訪れ、やがて幕府から許可を得て、英語を習い始めます。マクドナルドは日本語を全く知りませんでしたが、学びたいという意欲は強く、オランダ語の専門家である通詞は英語を学ぶ必要に迫られていたことから、両者の間でお互いのことばを熱心に教え合う日々が始まります。

通詞たちは、オランダ人から教わったのとは全く違う発音をマクドナルドがすることに驚愕します。例えば、「頭」という単語をマクドナルドに言わせてみると、オランダ人の[he-e-toh]とはまるで異なり、[hē]のように聞こえる発音でした。

当時のオランダ通詞の中で、もっとも英語ができるとされていた森山栄之助は、『諳厄《アンゲ》利亜《リア》語林大成』というオランダ通詞の大先輩が作成した英和辞書を参照しつつオランダ商館長レフィソン*(1)から英語を学んだのですが、「ヘート」だと信じていたheadが、「ヘッ」としか聞こえないことは大きな衝撃でした。

通詞を多く取り上げた吉村昭の歴史小説『海の祭礼』に、次のようなシーンがあります。

ついで、森山は、自分の髪をつまみ、

「ワット？　なに？」

と、たずねた。

マクドナルドは紙にHairと書き、森山は、それを通詞たちにかざしてみせたが、マクドナルドの口からもれた発音に、ふたたび顔色を変えた。かれが信じていた発音はヘールであるのに、マクドナルドの口からは、ヘアーという言葉がもれている。かれは、自分の体が地の底に沈んでゆくような絶望感にとらわれた。(吉村一九八九―二〇〇四、二一九頁)

オランダ通詞は世襲ですので、森山栄之助は少年時代から父親や親戚の通詞たちからオランダ語を教えられ、稽古通詞から、小通詞末席見習、末席、並、助と段階を経て進み、マクドナルドから英語を習った頃には小通詞に昇進していました。オランダ語なら、読み書きは問題ありませんでしたし、会話もオランダ人が「自分たちより美しく正確なオランダ語を話す」と感嘆するくらいでした。ところが英語に関しては、自分の知識がきわめて乏しいことを身にしみて知っていました。読み書きは、オランダ語の素養があるので何とか分かりますが、「出身国は？」「名前は？」などという簡単な質問はできても、相手の答えは、表情、手ぶりなどでおよそのことを、職業的な勘で推察することしかできません。一応は訳して役人に伝えますが、間違っているかもしれないというのは自分で分かっていました。しかも発音が悪いので実用には程遠い英語力であることを自覚した森山は、英語の通訳ができる唯一の通詞として、英会話の力をつけることは自分の責務だと強く感じます。少しでもマクドナルドに長く接して短期間で英語を習得したいと悩んだ末に、森山は「マクドナルドにつききりで会話の習得に専念したい」と長崎奉行所に申し出て認められます。

(1) 『海の祭礼』（文春文庫）での表記を使用。レフィスゾーンという表記もありますその後、森山はどのようにして英語を学んだか。英和辞書『諳厄利亜語林大成』の写本、つまりコピーをマクドナルドのところに持参して、辞書に載っている六千近い単語の発音をひとつずつチェックし、誤った発音を直してもらったのです。まずは一語ずつマクドナルドに発音してもらい、それをカタカナで書きとめ何度も繰り返し発音してみます。変な音はマクドナルドがすぐに直します。森山は夜になって帰宅してからも発音練習を繰り返し、道を歩きながらも、英語を口にしていたと言います。

そのような努力が実って、幕末の外交で森山栄之助は大活躍をします。黒船を率いて開国を迫ったペリー提督に強い印象を残し、アメリカのハリス公使など各国の外交官の間でも評判でした。イギリスのラザフォード・オールコック公使は森山について自著で紹介した「……かれは、特筆にあたいする。かれは通訳の主任であるが、その官職名（後に任ぜられた外国奉行通弁役頭取）が示しているよりもはるかに重要な人物だ」と高く評価しています。

複言語主義

マクドナルドと通詞の、英語学習を介しての交流には心温まるものがあり、同時に「外国語を学ぶ」ことについて大きな示唆を与えてくれます。通詞たちの英語学習法が際立っていることはマクドナルドを驚かせますが、母語である日本語と既に学んだオランダ語の知識を結びつけて英語を習得していく様子は、現代にも通用します。

欧州評議会が提唱している複言語主義（plurilingualism）とは、母語以外に二つの言語を関連させながら学ぶことにより新たな言語コミュニケーション能力を獲得し、言語を通した相互理解を可能にすることで平和構築をめざすものです。「多言語主義」（multilingualism）は、多くの言語が共存することを指しますが、「複言語主義」は、どのような言語も等しく価値を有するという思想に立脚した、言語の学習と教育の理念です。世界の外国語教育に大きな影響を与えているＣＥＦＲ（欧州言語共通参照枠）は、複言語主義を具現化するために作られました。母語を基盤に、オランダ語を活用して英語を学んだ通詞たちは、複言語主義という現代の理念を江戸時代に実践していたともいえます。

作家で翻訳家のフレデリック・ショット（Frederik L. Schodt）は、マクドナルドに関しての研究書で、日本でマクドナルドが語られる際、常に「初の英語教師」と呼ばれるが、これは正確ではない、としています。長崎で英語を通詞に教えたのは、オランダ人が先だったからです。「日本で初のネイティブ・スピーカー英語教師」という説明もよくなされますが、これも不正確です。イギリス人から学んだ日本人がいた可能性を否定できないからです。ショットによれば、ラナルド・マクドナルドが果たした役割の意義は「長崎通詞に英語を教えたこと」にあります。マクドナルドから直接に英語を学んだ通詞の存在がなければ、「日本が独立を守ることは難しかったであろう。政治的、社会的、技術的な革新に成功し世界の大国となった代わりに、他のアジア諸国のように西欧列強の餌食となり植民地となっていたかもしれない」*(2)というのです。

英語学習が、日本と世界の趨勢を左右する、というのは現代も同じ、というか、グローバル時代は、もっとそうなる可能性が高い、と言えそうです。

---

(2) "It would have been difficult for Japan to preserve her independence [...]. Instead of experiencing a successful political, social, and technological revolution and eventually becoming a ranking world power, Japan might have been colonized or carved up by Europeans or Americans, as happened to the rest of Asia."（Schodt, 2003, p. 281）

第三部　英語の実践

——語学研修、留学、仕事

第12講　英語を書く

仕事に必要な英語の文章

グローバルに展開している会社や多国籍企業などに勤めると、英語を書くことが仕事に欠かせません。最近は国際電話など時代遅れで、すべてメールです。日本語で書いてから英訳してネイティブ・チェックを受けるなど悠長なことをしているひまはなく、送られてきた英語のメールを読んだら、直ちに英語で返事を打ち返さなければなりません。加えて英語の世界では、重要事項は口頭で済ませず、必ず文書にします。企画案を上司に話すと「うん、面白いね。企画書を出して」。何かを報告しても「うん、分かった。報告書にまとめて」。テレビ電話で会議をしても、最後はメールで文書を送って協議内容や決定事項を確認します。大学生の頃は英語を話すことばかりに気をとられ、ライティングの授業をないがしろにしてきた新卒者は慌てます。

ここで注意を喚起しておくと、仕事で必要なのは、いわゆる従来型の英作文ではありません。日本の学校でよくやる英作文は、日本語で書かれた一文を英訳するか、せいぜいが「自由英作文」と称して、ある程度の長さの英語を書くことを指すようです。しかし、現実の社会で求められるのは、英語のロジックで英文を書くことで、TOEFL-iBTで測定するのも、まとまった英文を英語的な論理構成で書いているか、という点です。

英語の論理構成

英語の論理構成(logical organization)は、直線的で単純明快です。

英語はパラグラフから構成されていて、ひとつのパラグラフにはひとつの内容(idea)を書き、複数のパラグラフには論理的な一貫性(coherence)を持たせます。

冒頭のイントロダクション(introduction)では、「これから私が書くことは、かくかくしかじかです。これについて私は賛成です（もしくは反対です）」と全体の予告をします。次にいくつかのパラグラフで、予告した内容を詳しく論じます。問題の所在、背景となる社会的／歴史的状況、関連するデータや専門家の見解、自分が賛成／反対する理由など。この本体（body）を英語ではdiscussionと呼びます。そして最後の結論（conclusion）では、新たな議論など余計なことは入れず、「私の文章では、こういうことを書きました」と、簡潔にまとめます。

Introduction

最初のパラグラフで大意
（main idea）を説明する

Discussion

複数のパラグラフから成る。
各パラグラフは、
topic sentenceで概要を説明、
supporting sentencesで
根拠など詳細を
提示して主張を述べる

Conclusion

これまでの主張を
簡潔にまとめる

特に冒頭のイントロダクションは重要で、このパラグラフを読めば、全体の文章がどういうテーマを取り上げ、執筆者の立場がどういうものであるか、概要が摑めます。急いでいる時には、このイントロダクション・パラグラフを読めば良いくらいです。つまり自分が英文を書く時にも、その点をしっかり念頭に置き、まずは全体像を示し、細部は後に続くパラグラフで書けば良いわけです。

忘れてならないのは、英語のパラグラフのひとつひとつが、全体と同じような構成になっていることです。どのパラグラフにも、概要をまとめて最初に提示する「トピック・センテンス」(topic sentence) があり、次に根拠を述べるセンテンス (supporting sentences) があり、そして最後に「結論」(conclusion) が来ます。

簡潔明瞭ですが、日本語での作文に慣れているせいか、英語式論理構成で書くのは、なかなか骨が折れます。国語の教科書を見ても、日本語には英語のような明示的な論理構成がないのか、あっても教えないのか、誰もが知っている文章作成法は「起承転結」くらいでしょうか。英語のようなパラグラフ構成であるとか、「時系列的順序」(chronological order)「原因と結果」(cause and effect)「比較対照」(comparison and contrast) など、レトリックの分類を必ず教えるわけでもなさそうです。

そのように書き方指導のあり方が違うせいか、「直線型」論理構成の英語話者が読むと、日本人学習者が書く英語は、周縁をぐるぐる回りながら少しずつ中心に近づく「渦巻き型」の書き方に感じるようです。世界には「ジグザグ型」とされる文化もあるので、書き方にも文化の違いが表れるということでしょう。

話し方につながる論理構成

英語のライティングで英語的な論理構成を学ぶことが重要なのは、この論理構成は書くことだけでなく、話すことにもつながっているからです。英語で良いスピーチとされる条件は、書く時と同様の「直線的論理構成」です。最初に聴衆を惹き付けるようなオープニング（attention getter）を入れることもありますが、基本は、イントロで話の概要を紹介し、次に、理由や具体例など詳細を語ります。最後に「私がお話ししたことは、〇〇でした」とまとめて締めくくる。英語のライティングで学んだことが、そのままスピーチやプレゼンテーションに生きるのです。

これを知らないで日本語的な渦巻き型ロジックで話をすると失敗します。例えば採用面接を英語で受けるとします。「我が社に応募した理由は何ですか？」と面接官から質問されると、日本人の多くは、周辺から迂遠に説明することが多く、「なぜならば……」と直截に答えない傾向があると言われます。すると面接官が英語話者である場合は、いつまで関係ないことを喋っているのか、いつになったら答えが出るのかとイライラして、評価が低くなるようです。日本語では、いきなり理由を答えるのはぶっきらぼうな感じになりかねないのですが、英語では、単刀直入の方が理解されやすい。これも直線的ロジックの表れでしょう。

直線的な論理構成で会話をしないと聞いてもらえない、損をする、というのは、メールなどでも同様です。重要なことを最初に書くという英語式論理構成は、誰もが忙しくサッと画面を読んですませるインターネット時代に適しているといえます。逆に、関係ないようなことからソロソロと本題に入る日本語式論理構成は、いつになったら肝心な話が出て来るのか分からず、どうでも良いことを書いていると思われゴミ箱に捨てられかねません。日本語の良さは大事にしたいのですが、グローバル時代のコミュニケーションでは、「重要なことを最初に書く」ことが、肝要です。

国語教育と英語教育との連携

日本語的な文章作成法がどういうものかは一概には言えません。手紙などでは時候の挨拶から始まり肝心の用件は後の方に登場しますが、新聞記事などは大事なことを最初に書きます。テーマについて賛成なのか反対なのか分からない人もいれば、結論から先に話し論旨が明快な人もいます。個人差もありそうです。

ただ、グローバル時代に適した書き方、話し方について、まずは日本語ではどうなっているかを振り返ってみることは必要なように思います。そのためには、国語教育がどうなっているかを知る必要があります。書くことを教える際に、論理構成をどのように指導しているのか。残念ながら私自身が受けた国語教育では、どのように論理を組み立てるかという作文指導は記憶にありません。作文は好きだったのですが、書き方で指導されたのは言葉の使い方が多かったように思います。今の国語教育はどうなっているのでしょうか。

小学校国語の学習指導要領（平成二〇年告示）を見てみると、書くことについて、五・六年生の段階では次のように指導することが説明されています（傍点は著者による）。

書くことの能力を育てるため、次の事項について指導する。

(ア) 考えたことなどから書くことを決め、目的や意図に応じて、書く事柄を収集し、全体を見通して事柄を整理すること。

(イ) 自分の考えを明確に表現するため、文章全体の構成の効果を考えること。

(ウ) 事実と感想、意見などとを区別するとともに、目的や意図に応じて簡単に書いたり詳しく書いたりすること。

(エ) 引用したり、図表やグラフなどを用いたりして、自分の考えが伝わるように書くこと。

(オ) 表現の効果などについて確かめたり工夫したりすること。

(カ) 書いたものを発表し合い、表現の仕方に着目して助言し合うこと。

「文章全体の構成」については、「文や文章にはいろいろな構成があることについて理解すること」を指導するよう記載されていますが、それ以上の説明がないので、解説*(1)を読

(1) 文部科学省（平成二〇年六月）『小学校学習指導要領解説　国語編』九八―一〇二頁

んでみると、次のような指針が出されています。

構成に関する指導事項

「自分の考えを明確に表現する」ための構成とは、自分が考えていることを明確にすることだけではなく、相手が書き手の考えを明確に理解できるようにすることであることにも留意しなければならない。文章全体の構成としては、例えば、物語では、「状況設定－発端－事件展開－山場－結末」など、説明的な文章では、「序論－本論－結論」、「現状認識－問題提起－解決－結論－展望」などがある。統括する内容を位置付ける箇所によって、冒頭部に統括する場合の「頭括型」、終結部に統括する場合の「尾括型」、冒頭部・終結部の双方で統括する「双括型」などがある。これらを目的や意図に応じて効果的に用いて、自分の考え及び相手の理解が明確になるように文章を構成するのである。

なるほど。でも、これは、難しい。文章の種類によってさまざまな構成が存在することは分かりましたが、相手が理解できるように目的や意図に応じて使い分けるとは具体的にどうするのか、先生たちはどうやって小学生に教えるのでしょう。そして気がついたのは、「構成」についての指導に、「論理性」や「一貫性」についての言及がないことです。考えてみると、私は毎日のように日本語で文章を書いていますが、「論理的な一貫性」については、さほど意識して書いていない気がします。そういえば一回だけ、意識して書いたことがありました。新聞社に「英語式論理構成で書いてみて欲しい」と頼まれたからです。鳩山由紀夫さんが総理大臣に就任する直前に、ご本人の論文が英語で要約されてニューヨークタイムズ紙に掲載された*(2)のですが、これを鳩山事務所による英訳と比較して、論理的構成の大切さを解説した論考*(3)だったので、「その文章自体を英語的ロジックで書いてみて」と依頼されたわけです。試してみて、日本語では読者にとって分かりやす

(2) 鳥飼玖美子（二〇一一）「国際コミュニケーションの視点からみた鳩山論文」『国際共通語としての英語』（講談社現代新書）、六七―七一頁
(3) 鳥飼玖美子（二〇〇九）「鳩山論文の教訓：発信は英語の論理構成で」（朝日新聞、二〇〇九年九月一七日付朝刊、21面）

いように構成することは心がけるけれど、英語的な「論理の一貫性」(logical coherence)を保つには、相当に意識しないと書けないことを実感しました。

その体験から、これからの国語教育では英語教育と連携して、英語式論理構成を導入した指導ができないだろうかと考えるようになりました。国語は母語教育で、英語は外国語教育ですから、この二つを連携させようという試みは無謀かもしれませんが、言語教育という共通点があることも事実です。そのような視点から、小さな研究会で英語と国語の専門家が集まり検討を始めています[*(4)]。

母語についての認識や分析や振り返りを英語教育に導入することは可能ですし、母語を基盤に英語を学ぶのですから積極的に行うべきです。同時に、日本語の根幹は大切にしながら、グローバルに生きるための母語教育に、国際共通語としての英語の論理構成をうまく取り入れられないか。検討を続ける価値のある課題ではないかと考えています。

---

(4) 公益財団法人中央教育研究所(二〇一五)研究報告No.83「英語教育と国語教育との連携」『自律した学習者を育てる英語教育の探求 7:小中高大を接続することばの教育として』

第13講　語学研修と留学

高校生からの質問

「トビタテ！留学ＪＡＰＡＮ」という文科省の留学支援事業があります。二〇二〇年までの七年間で約一万人の高校生、大学生をこのプログラムの派遣留学生として送り出す計画で、授業料・現地活動費・渡航費など、年間最大三二〇万円の奨学金を受けられることになっており、海外でのボランティアやインターンシップも対象になります。

これは、政府による「グローバル人材育成戦略」（二〇一二）で提言された、日本の若者の内向き志向を改善してグローバル人材を育てるという政策を形にしたもので、二〇一三年の政府教育再生実行会議では「日本から海外へ送り出す留学生を倍増する」という提案がなされています。

政府だけでなく地方自治体も高校生留学を推進していますので、今の若者は内向きどころか、どんどん外に出ていくように後押しされています。

四国で高校生を対象にした講演を頼まれ、「グローバル市民」について話した後、質問を受けたところ、留学についての質問が二つ出ました。

ひとつは、海外留学するか、日本の国際教養系大学に進学して英語を学ぶか、どちらが良いだろう？　というものでした。海外というだけで、どの国ということは特にないようで、何を勉強するかというよりは「英語をやりたい」ということでした。

私は、こう答えました。

海外の大学に留学するのであれば、どういう学部で何を学ぶか、をまず決めなければならないでしょう。英語はその「何か」を学ぶために必要ですが、海外の大学で英語を学ぶのは、大学とはいっても付属のＥＳＬ機関（第二言語としての英語コース）であって、それは学部の正規科目を履修する英語力が不足している場合に受講を義務づけられるものです。

英語コースを受講して規定のＴＯＥＦＬスコア（文系学部ならペーパー版ＴＯＥＦＬで最低５

50点、iBTで80点程度）に達してはじめて正規カリキュラムに入学できるのですが、スコアを獲得できなければそれまでなので、英語コースだけ受講して帰国する日本人が多いのが現実です。だから、まずは日本の大学で英語力をつけ、海外を体験してみたければ大学の海外研修なり海外提携校へ留学するなりしてみたらどうでしょう。同時に、自分は海外の大学で何を学びたいのかを考えてみて下さい。それから留学しても決して遅くありません。

もう一人の高校三年生は、「アメリカの大学に留学することを決めました」とのことで、そのためには、日常会話をやっておいた方が良いのか、TOEFL受験対策をしたら良いのか、何を勉強しておいたら良いだろうか、という質問でした。聞いてみたところ、大学とは言ってもコミュニティ・カレッジという、日本でいえば短大と専門学校を合わせたような学校に行く予定だとのことでしたので、こう答えました。

コミュニティ・カレッジ入学者の多くは、途中から四年制大学への編入を目指します。あなたも、もしそれを考えているなら、「読む力」をつけて下さい。それはTOEFL試験に必要であるだけでなく、実際に大学での勉強に不可欠です。英語での授業についていくためには、膨大な量の課題をこなさなければならず、それは英語を読む力がないと太刀打ちできません。日常会話は現地の寮で暮らしていくうちに身についてきますが、読むことは日本にいるうちから可能な限り準備しておいて下さい。

語学研修の内容

高校生だけでなく大学生も、「留学したい」という希望は持っていて、決して内向きではありませんが、「語学研修」と「留学」の違いはさほど明確に理解してはいないようです。

「海外語学研修」というのは、通常は短期間、外国語を学ぶために海外へ行くことです。最近は、大学だけでなく中学高校でも協定校や提携校に生徒／学生を送り出す「語学研修」が盛んですし、語学研修を必修にしている大学も多くあります。もちろん、民間業者もさまざまなプログラムを提供していますので、お金さえあれば、誰もが世界のあちこちで語学研修を受けることができます。

大学の正規課程に入学する英語力をつけるために、大学の付属機関で英語を勉強するというケースは多いのですが、あくまで付属機関ですから、講師は大学の専任教員ではなく、ＥＳＬコース用に別途採用された英語教師です。規定のＴＯＥＦＬスコアに達しないまま帰国するケースもあれば、各地の大学のＥＳＬコースを渡り歩く日本人学習者もいます。

このようなＥＳＬ機関では、夏休み中など学生がいなくなる時期に団体受講者を受け入れるところもあり、日本の多くの大学では、そのようなコースに学生を送り語学研修をさせています。人気の英語圏大学では、夏休みのキャンパスは現地学生ではなくアジアからの語学研修生が歩き回り、日本人がやたら目につく、という現象も起きます。

最近は、大学とは無関係に英語学校が研修プログラムを提供することもあります。オーストラリアのある都市では、英会話学校が「インターンシップを組み込んだ英語研修」を実施していて、どのようなインターンシップかと調べてみたら、市内のカフェで接客を学ぶとありました。海外研修には渡航費や滞在費、学費など費用がかかるのに、インターンシップと称してカフェの店員を体験して、どれほどの英語力が身につくのだろう、ただで雇えると安易に使われないだろうかなどと考えてしまいます。

私がかつて大学生を引率したことのあるカナダの大学の語学研修では、トイレットペーパーを使ってのウエディングドレス作りに一時間以上を費やし、「授業ではもう少し大学生らしい英語を教えて欲しい」と講師に注文をつけたことがあります。午後は「異文化体験」となっているので何をするのかと同行したら、「ピザのトッピングを体験する」というプログラムで、これなら日本でもできると思いましたが、学生たちは海外にやってきたことが楽しそうで文句は出ませんでした。

海外語学研修の最大の問題は、現地の学生との接触がほとんどないことです。肝心の学生達は夏休みですから、キャンパスは各国からの研修生ばかり。大学主催の語学研修の場合は、何十人もの学生がまとまって行くので、授業は同じ大学の学生と一緒になります。何のことはない、場所が変わっただけで、授業はいつもの仲間と一緒、ということになりかねません。

これではあまり意味がないと感じたので、カナダの大学ではESLプログラムの責任者に「他の国から来ている留学生か、カナダ国内のフランス語話者がいる英語クラスに、一緒に入れてもらえないか」と交渉したのですが、「日本人はおとなしくて無口だから、他国の人たちと一緒にすると、黙って聞いているだけで発言する機会がないまま授業が終わってしまう。だから日本人だけまとめて教えた方が良いと考えている」と一蹴されてしまいました。

留学は「何を学ぶか」

せっかく海外まで出かけるのだから現地の学生と一緒に学びたいというなら、大学に留学することとです。「留学」というのは、短期ではなく、最低でも一年間は学校で学ぶことを指します。

大学での留学の場合は、英語習得が本来の目的ではないので、まず、「何を学ぶか」を決めなければなりません。

次に、入学審査を受けなければなりません。日本の大学のように受験生が一斉に筆記試験を受ける一般入試はありませんが、書類を提出し学力や英語力を審査されます。

大学間の協定や提携で、入学審査がなく留学できる場合も、通常は英語力を問われ、アメリカやカナダならTOEFL、英国やオーストラリア、ニュージーランドならIELTSのスコアが求められます。TOEFLの場合、日本の大学で団体受験するITPは公式スコアとして認定されないのが普通ですし、正規のスコアも有効期限は二年間ですので、昔のスコアは使えません。近年はパソコンで受験し4技能を測定するiBT（Internet-based Test）が主流です。スコアは、リーディング、リスニング、スピーキング、ライティングがそれぞれ０〜30点、合計０〜１２０点です。

どの程度のスコアを必要とするかは大学によりますが、理系はやや低く、文系の大学／大学院は高めです。地方の州立大学ならｉＢＴ60点くらいですが、中堅大学ならｉＢＴ80〜90点、難関大学ですとｉＢＴ１００点が必要とされます。

ペンシルバニア大学での平均スコアはペーパー版ＴＯＥＦＬで６００点、ｉＢＴで１００点です。米国ニューヨーク市にあるコロンビア大学で求められるＴＯＥＦＬスコアは学部や大学院によって多少の幅はありますが、概ね、最低でもペーパー版ＴＯＥＦＬ６００点です。その基準に達していない場合は、大学付属のAmerican Language Program で英語を学ぶことになりますが、それは単位には算入されませんし、奨学金の対象にもなりません。これは他の大学でも同様です。

たまに、ＴＯＥＦＬスコアは問いませんという大学がありますが、そのような大学には両極端があります。ハーバード大学はＴＯＥＦＬスコアを求めませんが、Admissions Office（入学審査を行う部門）が、願書、エッセイ（作文）、高校の成績、推薦状、ＳＡＴ教科別スコアなどさまざまな角度から審査を行い面接も実施します。二〇一四年の場合、全出願者三四二九五人のうち、合格したのはわずか二〇二三人、合格率は約六パーセントです。他にTOEFLは問わないという無名の大学がたまにありますが、財政難から留学生を入れて経営を改善しようという可能性があるので、要注意です。

多くのアメリカの大学では、Admissions Office（日本でいうAO入試とは似て非なるものです）で、学部ならSAT、大学院ならGREやGMATなどのスコア、学業成績、志望理由を書いたエッセイ、推薦状などの書類を厳密に審査して合否を決めますので、TOEFLだけで入れるわけではありません。言語面を含めて高等教育での勉学に支障がないかどうかの審査がなされます。

海外に行きたいけど、どうしよう

正規留学について読むと、何だか大変そうでめげてしまうかもしれません。だからといって海外で学ぶことをあきらめる必要はなく、目的に応じて選択すれば良いと思います。高校生留学は、現地でホームステイしながら学校に通うので、貴重な異文化体験となります。柔軟性に富み英語の基礎もある程度できているので、言語と文化の吸収度の高さは抜群です。私自身の体験から言っても、高校時代に一年間の海外留学を経験した人間は、その後の人生を左右するほどの得難い体験をし、自律性を身につけて帰国します。

一九六三〜六四年にAFS高校留学プログラムでアメリカに一年間ホームステイし高校に通った六〇名に、高校時代の留学がその後の自分の人生にどのような影響を与えたか聞いてみたところ、次のような回答を得ました*(1)。

(1) 異文化理解に役立った　四七名
(2) 人格形成に役立った　二五名
(3) 英語力がついた　一六名
(4) キャリアに役立った　一二名

回答者の多くは複数の意義を挙げ、職業も外交官、通訳者、翻訳者、学者、ジャーナリスト、英語教員、日本語教員、商社勤務、銀行員、公務員、IT起業家など多岐にわたっており、感想もさまざまです。その一端を知っていただくためにいくつか例を挙げてみます。(コメントは短く編集しています)

高校時代にアメリカに留学した意義は

「解放感と自由を享受し、同時に自己責任の大事さを身をもって知った」

「自分自身を見つめる機会を持ち、自分の可能性、限界などを認識できた」

「国籍や文化の違いを超えて人間として理解し合えることを実感した」

「日本とは何かを考えさせられ、世界とは何かを考える視座をもたせてくれた」

「異文化に触れたことによって世界がさらに広がった。自分の国（日本）について知らないことが多かったと自覚した」

「異文化体験をしたことにより、日本文化を見直すことにもなり、また、アメリカだけでなく、アジア、ヨーロッパの文化も受容できるようになった」

「グローバル的視点から物事を見られるようになった。私のその後のprofessional lifeの全て」

(1) 二〇一三年八月二四日ＡＦＳ10期生50周年リユニオンでのアンケート調査

「異文化の中で生活することにより、個人としてまた日本人としての自分をより強く意識するようになった」

「より広い価値観を受け入れられるようになった」

「多様な価値観に触れたこと。習慣、世間体などに左右されずに本質をよく見て考え、表現、行動、発言をしていくことが大切なことであると学び、社会人になってからの自分自身の価値観の形成に影響を与えている」

「言語、文化、社会環境が異なる相手を理解する能力が身についた。自分に自信を持つことができた」

「人を見る時に固定観念で見ないことは貴重な経験で、今日の私を作ってくれた」

「既成概念で社会を見ないで、自分で考えることの尊さが身についた」

「人の価値観は多種多様であること、そして各人のその核となっているものを互いに認め合うことの大切さを実感したこと」

「共通の言語と、相手を知ろうとする気持ちがあれば、他国の人たちとも理解しあえるという体験」

「相手が誰であろうが臆することなく、しかし敬意を持って対することを学んだ」

「はっきりものが言える（主張すべき時は躊躇せず主張する）ようになった」

「国際社会では自己主張ができないとおいていかれるということを学びました」

「一見超えられそうもない高いハードルでも一生懸命に立ち向かうことで得られる達成感の積み重ねが、単なる高校生を強い大人に育ててくれた」

「家庭生活・今まで受けてきた教育・社会環境・常識・文化・社会組織……すべてまったく違うものがあることを知りました。すべてをもう一度整理して考え、自分が今後どのように生きるか考えることができました。物事を考えるときに、いつも『別の切り口はないか』『違う角度、視点はないか』と考えるようになりました。そして人間の住むところ、どんなところでも生きていけると思えるようになりました」

私自身は、言語をコミュニケーションに駆使するアメリカ社会の実相を目の当たりにして、沈黙を美徳とする日本社会との差異を強烈に感じました。その衝撃が原点となり、言語とコミュニケーション、異文化理解を追究する人生に導かれたような気がしています。高校三年生でのアメリカ留学体験がなければ今の私はなかった、と思います。

大学での留学

大学生になると、大半の大学が語学研修や協定留学プログラムを用意しているので、活用できます。ただし、出発前に日本でどのくらい英語や文化の準備学習をしていくかで成果はまるで異なります。何もしないで気楽に出かけても、結局はいつもの仲間と楽しく過ごしただけで終わってしまいます。英語の勉強は可能な限り日本でやっていくと、現地へ着いてからは異文化を学び、異文化の中で言葉が実際にどのように使われているかを学ぶことができます。

日本の大学で専門科目をきっちり勉強し、やがて「この分野について海外で学びたい」という意欲が出てきたら、どの大学のどの学部／学科が適しているかを調べて正規留学を目指します。場合によっては大学院の留学もあり得ますが、その場合は、どのような専門を持った教授の指導を受けることになるのかを調べてから応募を決めます。研究者となってから海外の大学に招聘されることもあり、そうなると問われるのは研究の内容で、英語力は二の次になります。

避けたいのは、さしたる目標もないのに、ともかく海外に行ってみたい、と英会話学校やESLコースに入ることです。日本ではダメだった英語も海外で過ごせば何とかなると思いがちですが、大学へ入ることが目的の場合には、思うように英語力は伸びないまま資金が底をつき、入学できないままアルバイトで日々を過ごすことになったり、帰国を余儀なくされたりします。英語の準備をしっかりしてからの渡航が、効果をあげる近道です。

留学と異文化理解

大学や大学院で特定の専門分野を学ぶために留学する場合は別として、留学の大きな魅力は異文化理解にあります。日本政府も留学による異文化体験を強く勧めています。ところが海外では最近、留学が本当に異文化理解に繋がるのかどうか、改めて議論されています。高校生留学は異文化理解に有効とされますが、ただ留学しただけでは効果が薄いという研究も出てきており、ならば、どうしたら留学を異文化理解に結びつけられるか、と研究者や異文化理解教育の現場が協力して検討しています。

その中で出て来たひとつが、出発前のオリエンテーションです。留学先の国の文化や言語をしっかり準備していくと、異文化摩擦が軽減され、受け入れ校や受け入れ家庭とのコミュニケーションもスムーズに行く。事前準備が不十分だと、異文化を理解することができないことから不満や悩みが大きくなり、異文化環境に適応できず早期に帰国したりする、という報告もありました。

二回の世界大戦を起こした経験をふまえ、第二次世界大戦後にフランスとドイツが試みたのは、高校生を相互にホームステイ留学させることでした。それにより偏見を取り除き、両国の若い世代が互いを理解し合うことで平和を実現しようというのが目的です。

同じような理念をアメリカも具体化しました。二つの世界大戦で傷病兵を病院に搬送するボランティアをしていたAmerican Field Service（アメリカ野戦奉仕団）が、第二次大戦後に「戦争が起きてから活動しても遅い。戦争が起こらないように若い世代の相互理解を深めよう」と、高校生留学団体へと活動内容を切り替えたのがＡＦＳで、現在は、多国間での高校生留学と異文化理解教育を行っています。

日本の「トビタテ！留学」プログラムも、同じように異文化理解を深める結果を生んで欲しいものです。

第14講　仕事に使える英語

どのような英語が必要か

英語の専門職ではないにしても、英語が必要な仕事はかなり多岐にわたって存在します。その昔、文化放送で「百万人の英語」（日本英語教育協会制作）という英語番組で講師を担当していた頃に、英語を使って仕事をしている方々をゲストに招いて英語との関わりをインタビューしたことがあります。毎回、さまざまな職業で英語が使われていることを知り、そうか、こういう仕事にも英語が要るのか、と発見がありました。

ところが、グローバル時代だから仕事に英語は必須だと言われながら、実際にどのような英語が仕事で必要とされるのかはあまり語られません。

文部科学省は二〇〇三年から二〇〇七年までの五年間にわたり「『英語が使える日本人』の育成のための行動計画」を実施し、小学校に英語を導入、高校でのスーパー・イングリッシュ・ランゲージ・ハイスクール（Super English Language High School＝ＳＥＬＨｉ）指定など、かつてないほどの英語教育改革を断行しましたが、大学に対しては「仕事で使える英語」を教えるように指示したものの、どのような英語なら仕事で使えるかは各大学の判断に委ねました。

企業に勤める人びとにアンケートをした調査結果を見ると、「Ｅメールに対応するため、英語を書く力が必要だ」という答えが多様な職種に共通していました。そう、今や、電話よりはメールでしょうから、会話より読み書きの力が求められるのでしょう。ビジネス英語の力を測定するＴＯＥＩＣは、リスニング（聞く力）とリーディング（読む力）が主体の検定試験ですが、楽天のように重視する企業もあれば、「仕事の力まで測るわけではないので、採用の段階では参考程度」という企業もあるようです。

仕事の場では、いったいどのような英語が必要なのでしょう。そもそも英語は、職種を問わず必須なのでしょうか。

海外駐在に必要な英語

私は『週刊新潮』の「掲示板」というコラムで時折、「何かありませんか？」と編集者に聞かれ、読者に「教えて下さい」と呼びかけることがあります。「太平洋戦争中の日本の学校で行われた英語の授業について教えて下さい」と呼びかけた時には数十通の手紙が届き、戦時中の学校英語教育の充実ぶりに驚嘆しました（『英語教育論争から考える』二〇一四、みすず書房）。そこで次の機会には「海外での仕事で実際にどの程度の、どのような英語が必要か、特に英語圏以外で国際共通語としての英語使用について体験からご教示下さい」と呼びかけてみましたが、手紙が数通来ただけでした。それでも、「海外で仕事に英語を使う」といっても、その実態は多岐にわたり、どこで、どういう立場で、どういう仕事をしたかによって、使った英語は千差万別だと分かりました。

日本企業からアメリカの多国籍石油企業の日本支社へ移籍して二五年間働いた方は、米国本社での会議に度々出席し、英語でプレゼンテーションを行い、議事録も英文で作成した経験から、「英会話以上に英作文力が必要である」と結論づけています。

一方、スペインおよびスペイン語圏の国に四年間駐在した会社員は、「英語が使えるのは一流ホテルや空港など限定的」で、衣食住はもとより、「オフィス、弁護士、公認会計士、銀行でさえスペイン語だけ」、「英語は英語圏の取引先との折衝、来客、出張の際には不可欠ですが」、英語ができる人材は「オフィスに一人いれば充分です。駐在員全員が現地語(スペイン語)に熟達することが絶対条件です」との説明でした。

非英語圏に駐在した経験者は他にもいて、そのうちの一人は、石油掘削機器を扱う仕事でオランダとUAE(アラブ首長国連邦)に駐在した方で、使った英語は「仕様書、契約書、財務に関連する分野」でした。メーカーの場合、具体的な物や図面があることから技術用語は限られているので「非英語国民との会話は容易でした」。しかし、手を焼いたのは「電話会議」で、言っていることは分かっても、「参加者がワーワー言い出すと、気後れして積極的発言ができませんでした」とのことで、英語力というよりは気持ちの上で発言することに消極的になりがちな日本人の姿が浮かび上がります。英語力が問題ではなかったのは、「文法的には高校英語で十分だった」との述懐で分かります。専門用語は学校英語とは違ったものの、「重要なことは読みの正確さと書く力で、これには受験英語が役に立ったと思います。聞くことは自然と慣れますから、特に力を入れた記憶はありません」とのことで、オランダから帰国して受けたＴＯＥＩＣは８３０点、英検は準１級に合格したそうです。

もう一人は、外国語大学中国語学科卒業で、二回にわたり中国に計八年間駐在し、インドとドイツを中心に海外出張をした営業部長でした。中国語は「合弁契約交渉ができるレベル」、英語は「売買契約交渉ができるレベル」でＴＯＥＩＣ８６０点以上とのことです。しかし、「グローバルに活躍するのに必要な英語力は、仕事の内容により、深さ、広さが全く違うので、簡単には数値化できません」と述べ、具体例を３つ挙げてありました。

（１）海外の会社の社長または取締役としてマネジメントを見る場合

ＴＯＥＩＣでは測れないマネジメントの勘と経験がものを言う。

（２）営業部長として契約獲得および部下育成の陣頭指揮に立つ場合

言語の問題以前に背景知識が共有できない問題に悩まされました。例えば、「マーケティング」の概念がない人に、外国語でその概念を教え込むのは極めて大変なことでした。

（3）製造部長として現場の担当者に指示命令を与える場合

技術系は、コミュニケーションの道具が図面や数字であるため、言語は補助的な場合が多い。ただし、後任者や部下の育成といった仕事になると、外国語も大事で、背景知識や人間性という要素も非常に重要です。

結論として、「日本人がよく使うグローバルという言葉づかいは非常に曖昧で、どこの国でも、どんな職位でも、どんな仕事内容でも使えるグローバルな英語というものは存在しない」と締めくくってありました。

オランダやドイツに数年ずつ駐在し、その後、ニューヨークに駐在したという化学品メーカーの社員は、自分の経験だけでなく多くの駐在員を海外に送り出した経験からも、「日本語でもしっかりとした論理を構築し十分に自分の考えを伝えられる人」が例外なく成功したと語ります。

「二〇年ほど前は海外事業を商社に任せるかたちが多く、メーカーは語学力がなくても専門知識のある人を送ることが多かった。ところがその後、メーカーは、自分でどんどん海外へ進出して行ったため、計画的に海外要員を育成しなければ間に合わなくなってきて今日に至っており、これは事業の形態如何を問わず日本企業ならどこでも現在の喫緊の課題である」と時代の推移を説明し、多くの場合、「TOEIC 600点以上は全員必須、海外志向者は700点以上」など一定の線引きを設けているが、「これらの点数は実際の海外事業においてはほとんど意味をなさず使い物にならない」と断言します。その理由のひとつは「読む、聞く、書く、話す」英語力が必要なのに、TOEICは「読む、聞くだけ」を測るテストであること（オプションとして別に「ライティング」「スピーキング」試験はあります）。さらには、「過去問題集をやればたちどころに100点、200点を上げることができる」ことを挙げ、点数だけ上がっても、海外の現場で使い物にならない点を指摘します。ちなみにこの方は、TOEIC第一回試験を慶応大学会場で準備もなくぶっつけ本番で受験し705点。六〜七年のアメリカ駐在を終えて帰国したばかりの社員が730点、私立大学ESSで英語をやっていた人が700点取れなかったことなどを伝えています。

ここに紹介したのは限られた事例で、既に引退した企業人、それも全員が男性の体験談で、女性や現役社員は含まれていません。それでも、さまざまな仕事の場で必要とされる英語は多様であることが分かりました。同時に、海外での仕事には「英語を書く力」が重要であることが、共通項として浮かび上がりました。

それでは、他の仕事はどうなのでしょうか。英語教員や通訳者／翻訳者など英語の専門家には高度な英語力が必須であることは当然ですが、他の職業でも英語は必要なのでしょうか。すべての職種を網羅することなどできないので、どのような英語が求められるのか分かりませんが、これまで私が見聞きした、英語の専門家以外の仕事人の英語について、思いつくまま断片的に語り、英語学習の参考にしたいと思います。

宇宙飛行士の英語

まずは、グローバル、といっても地球を越えて宇宙で活躍する宇宙飛行士です。ニュース報道やテレビ番組から判断すると、宇宙飛行士にとって外国語は必須です。各国の宇宙飛行士同士がＩＳＳ（国際宇宙ステーション）で話し合う共通語は英語ですし、ＮＡＳＡ（アメリカ航空宇宙局）管制センター（mission control center）との交信も英語です。また、ロシアの宇宙船ソユーズに乗り込むこともあるので、宇宙飛行士はロシア語も勉強するそうです。

以前、オーストラリアで開催された国際的な学会で講演を依頼されて出かけたところ、私以外にもう一人の講演者が日本から招かれていて、それが、毛利衛《まもる》さんでした。一九九二年と二〇〇〇年に宇宙飛行をした二人目の日本人宇宙飛行士で（一人目は秋山豊寛さん）、現在は日本科学未来館の館長です。毛利さんはきちんとした英語で淡々と講演をなさり、宇宙飛行士とはあのように落ち着いて英語を使いこなすのかと妙に納得しました。

最近では、若田光一さんのＮＡＳＡでの仕事ぶりを伝えるテレビのドキュメンタリー番組を見て、同僚のアメリカ人と熱い議論をしている場面に感心しました。

スペースシャトルからの映像をニュースで見ることも多くなっていますが、日本人の宇宙飛行士が、ごく自然に英語をコミュニケーションに使っている様子が印象的です。

二〇一五年九月三日（木）放送の「ニュースで英会話」では、"SPACECRAFT DOCKS WITH ISS"「油井さん〝こうのとり〟をキャッチ」という英語ニュースを取り上げました。日本の宇宙輸送船「こうのとり」5号機が国際宇宙ステーションに接近して、ステーションに滞在している油井亀美也《ゆいきみや》さんがロボットアームを操作し、米国ヒューストンにあるＮＡＳＡ管制センターでは若田光一さんが責任者として通信しました。日本人同士の交信ですが、他の人びとにも分かるように英語を使います。宇宙輸送船のドッキングで、宇宙側と地上側の両方を、初めて日本人の宇宙飛行士が担ったことになります。

　これまでは他の国々がドッキングさせようとして上手くいかなかったのですが、ロボットアームという日本の技術を使って結合に成功させることができました。面白かったのは、「こうのとり」をロボットアームが「キャッチした」と日本では報道されていましたが、英語では**capture**（捕獲する）という単語を使っていたことです。**capture**も**catch**も「狩りで捕まえる」ということから「追跡した後に捕獲する、捕まえる」という意味では同じですが、**capture**は意味範囲が広く、「力ずくで捕らえる」というニュアンスがあり、**attract**「惹き付ける」という意味合いでも使われます。

　油井さんは、「こうのとり」を捕まえた時に管制センターに対し、**We successfully received HTV and captured HTV.**「私たちは成功裡にＨＴＶを受けとり、ＨＴＶを把持《はじ》しました」と語りかけました。**HTV**とは**H-II Transfer Vehicle**（宇宙ステーション補給機「こうのとり」）の略で、ここでは「こうのとり5号機」を指しています。

「把持」という聞き慣れない日本語は「しっかり持つこと」「固く握り持つこと」を意味し、ＪＡＸＡ（宇宙航空研究開発機構）で使っている用語です。

　若田さんは交信で、「こうのとり」の英語名である**stork**を使っていました。**The stork**

has successfully delivered the package.「こうのとりは無事に荷物を届けました」。こうのとりは赤ちゃんを運んでくるという言い伝えがあるので、若田さんは、それをふまえたのでしょう。

その他にも若田さんは、The entire crew did a fantastic job. All happy faces down here, and congratulations!「乗組員全員が素晴らしい仕事をしました。地上のこちらでは、みんなニコニコです。おめでとう！」と快挙を祝いました。happy face というのは、smilie/smiling face「スマイルマーク」のことで、あの黄色のニコニコバッジのように、管制センター全員が満面の笑みで喜んでいる雰囲気がよく伝わってきました。

日本人で初めて国際宇宙ステーションの船長になった若田さんはどのように英語を学んだのでしょう。仕事で英語を自在に使っている様子から判断すると、おそらくは学校で学んだ英語の土台をもとに努力を積み重ね、ＮＡＳＡへ行ってからは職場で使われている英語をどんどん取り入れて自分でも使ってみたのだろうと推察し、念のためにインターネットで調べてみたら、なんとその通りでした。若田さんは埼玉県大宮市（現・さいたま市北区）で育ち、埼玉県立浦和高校から九州大学に進み大学院を卒業してから日本航空に就職しています。浦和高校は有数の進学校ですから、しっかり英語を勉強したはずです。二九歳の時にNASA宇宙飛行士養成クラスで訓練を受けたのが初の海外赴任だったそうです。

若田さんはインタビュー*(1)で、宇宙飛行関連の特殊な用語が猛烈な速さで話されるので、訓練では仲間のパイロットや管制官の英語が聞き取れず、「頑張っているのに英語が分からないで困った」「これで宇宙に行かれるのだろうかと悔しかった」と語っています。ここまでは、宇宙飛行士でない日本人でも体験する悩みや悔しさかもしれませんが、その後がすごい。若田さんは、「分からないなら、分かるようになるしかない」と覚悟を決め、ジェット練習機操縦中のやり取りを録音し、それを繰り返し聞いて自分でもシャドーイングのように繰り返して同じことを言ってみたのだそうです。若田さんが飛行中、後の席でブツブツつぶやくので、何をしていたのかと聞くと「管制官とのやり取りを反芻《はんすう》し録音しているのだと。さらにわからなかった内容を質問する。『こいつはスゴイ』と思ったね。世界トップの才能がありながら努力している」と一緒に訓練を受けたNASA飛行士が語っています。

「習うより、慣れろ」という格言がありますが、外国語学習にはむしろ「慣れるまで、習え」が必要かもしれません。「慣れる」というのは、つまり、いちいち英語の単語やセンテンスの組み立てなどを考えないで、自動的に出てくるようになる「自動化」(automaticity)*(2)を指すわけですが、それには、どうしても「習う」、つまり情報処理が習慣化するまで練習することが欠かせません。練習しないで慣れることは外国語ではあり得ないのです。若田さんは、それを知っていたのか、自然に話せるようになるまで練習を繰り返す「慣れるまで、習う」を実践したようです。

全世界が注視している中で、極めて難しい作業を長時間かけて行うだけでも緊張するでしょうに、その作業をすべて英語で行うというのは、大変なストレスだろうと推察します。それを沈着冷静にやってのける、それができるまで英語に取り組む、という努力は、さすが宇宙飛行士、と言わざるをえません。

しかし、感心しているだけでなく、地球にいる日本人の英語学習者も、宇宙飛行士の英

(1) 林公代「邦人初！ 宇宙飛行士トップの『上り詰める』力」、「東洋経済オンライン」二〇一三年八月二九日

(2) コミュニケーションをスムーズに行うためには、言語の自動的処理ができるようになることが重要です。統制的処理を何度も繰り返し行って、処理が習慣化するまで練習していくことで、統制的処理が自動的処理に変わると言われています

語上達術を何とか参考にしたいものです。ひとつ言えることは、「英語を使わなければ仕事が出来ない」という環境に身を置けば、英語が使えるように頑張る動機付けが生まれる、ということかもしれません。

そのような状況は、グローバル企業や外資系企業がすぐに思い浮かびますが、意外に英語を使うのがスポーツです。

スポーツ選手の英語

言語コミュニケーション能力が必要なスポーツの代表格はサッカーでしょう。日本代表の成績が思わしくなかった頃、日本サッカー協会は選手に対し、コミュニケーションの訓練を行ったそうです。サッカーは、選手それぞれが言葉を交わして試合を進めるため、高いコミュニケーション能力を必要とするスポーツのようです。確かに多くのサッカー選手が英語やイタリア語などを駆使して海外チームで活躍しています。ゴールキーパーの川島永嗣《えいじ》さんは、英語だけでなく、イタリア語やポルトガル語、スペイン語、オランダ語、フランス語も学び、外国語学習体験記まで出版しています。

サッカーだけではありません。女子マラソン選手で、今はスポーツ・ジャーナリストの増田明美さんも英語を熱心に勉強していて、それも必要に迫られて、とのことです。海外の試合で英語が出来ないと、他国の選手と交流ができずストレスになるし、コーチが外国人だと英語で指導を受けなければならない、だから英語は欠かせない、という説明でした。車に乗っている時も、CDを聞きながら英語を発話して練習していると語ってくれ、インタビューしたラジオ番組では、アドリブで英語を話してくれました。

ハンマー投げ選手の室伏広治さんとパーティーで会った際には、流暢な英語でユーモアたっぷりのスピーチを事前の準備なく披露していましたが、歓談の際に英語について質問したところ、英語は使わないわけにいかないのだとのことでした。

スポーツで外国語を使う環境の最たるものは、相撲でしょう。外国人力士にとって日本語は外国語ですが、どの力士も日本語を使いこなします。考えてみれば相撲部屋に住み込んで暮らすわけですから、究極のホームステイです。二四時間、日本語漬けの生活。ちゃんこを食べて暮らし、相撲の練習をしながら、日本語を体得する。遊びや趣味ではなく、仕事がかかっていますから、学ぶ動機付けが強くあり、真剣味が違うのでしょう。エストニア出身で元大関の把瑠都《バルト》さんを「ニュースで英会話」のスタジオに招いたことがあります。語学番組ですから、外国語としての日本語をどう学んだか詳しく聞いてみました。初めて来日し、相撲部屋に住み込み、何を言っているのだか分からない日本語を必死で勉強した体験談を聞き、相撲通のデーモン閣下をはじめ出演者一同、その努力に打たれました。

科学者の英語

科学者も、学会発表や論文執筆で英語を駆使します。

iPS細胞でノーベル生理学・医学賞を受賞した京都大学教授の山中伸弥さんも、科学者は国際的に活動することを余儀なくされるので英語は必須だとの主張です。医学関係では、皮膚科学会や脳外科医の研究会に招かれて英語学習について講演したことがありますが、医学界でも他の理系分野と同じく、英語で論文を書き、学会では英語で発表するだけでなく、英語で質疑応答に対応し、懇親会では英語を使って親しくなりネットワークを広げるので、英語力は不可欠だとのことでした。医学会議の書籍販売会場で、専門書と並んで英語関連図書のコーナーが充実しているのは当然かもしれません。

ノーベル賞は専門分野での研究業績に与えられるものですから、受賞者には英語ができる人もできない人もいますが、生理学・医学賞受賞の利根川進さんは、日本生まれ日本育ちでありながら、米国の大学で長く教え、英語での議論ができる一人です。ネイティブ・スピーカーのような発音かといえば、そんなことはありませんが、自分の主張は明確に伝え、その内容で相手を圧倒していました。グローバル市民が使う英語というのは、こういう英語なのだと思います。

ノーベル物理学賞受賞者で英語教育について卓見を述べているのが、京都大学名誉教授の益川敏英さんです。英語の論文を読むことは日常的に行っているけれど、「英語は、できるに越したことはない。でも、できなくたって生きていく道はある。つまり、英語『も』大事なんです」と冷静です。では何が重要かといえば、「まずは学問に本質的な興味を抱くこと。得意分野を磨くこと。その先に、やっぱり英語もできたほうがいいね、という程度の話なのではありませんか」というのが結論です。

「僕は語学が大嫌いです。学生時代もまったく勉強しませんでした。物理の本を読んでいるほうが、はるかに楽しかった」という益川さんは、「母語で学ぶ強み」について重要な指摘をしています。

ノーベル物理学賞をもらった後、招かれて旅した中国と韓国で発見がありました。彼らは「どうやったらノーベル賞が取れるか」を真剣に考えていた。国力にそう違いはないはずの日本が次々に取るのはなぜか、と。その答えが、日本語で最先端のところまで勉強できるからではないか、というのです。自国語で深く考えることができるのはすごいことだ、と。（二〇一四年一一月二六日付朝刊「朝日新聞」）

二〇一五年、ノーベル医学・生理学賞を大村智・北里大学特別栄誉教授が、物理学賞を梶田隆章・東京大学宇宙線研究所所長が受賞し、アメリカ国籍を取得した人も含めると日本人のノーベル賞受賞者は二四人となりました。自然科学分野での日本人の活躍についての海外の分析に、「江戸時代から寺子屋などで教育が行き渡っており識字率が高かったこと」「明治期の日本政府が基礎研究を重視したこと」が挙げられていました。教育の成果が花開くのには時間がかかるということでしょうし、すぐには成果が目に見えない基礎研究の重要性が分かります。さらに付け加えれば、明治の指導者たちは、まずは大量の文献を翻訳して母語である日本語で欧米文明を学び、日本語で各分野の教育を担える人材を育てました。長い年月をかけて現在があることに思いを馳せると、母語を大切に長期的視野で人材を育成したいと強く思います。

自分の学習法を見つける

さまざまな分野で「英語が必須」だとされ、実際にそれぞれがそれぞれの場で努力している現状を知ると、英語を専門としている人間は、うかうかできない感じです。専門家である以上、他分野の人びと以上の努力が求められるのは当たり前だからです。

それにしても、これから社会に出る若い世代は、専門であるとなしとにかかわらず、多かれ少なかれ英語を学ぶことを迫られるでしょうから、長期にわたり継続して自律的に学ぶ力を養うことが大切だ、と改めて思います。

まずは自分の得意分野、専門とすること、話したい内容をもつことです。次に、自分の人生にとって、自分の仕事にとって、どのような英語が必要かを見極めることです。

その上で、自分なりの英語学習の目的を設定し、自分にとって適切な学習法を自分自身で見つけ出すことが効果的です。これをメタ認知ストラテジーと言います。たとえば、山中仲弥さんは、恐らく英語論文を読み、自分でも英語の論文を書くことには慣れているでしょうから、読み書きはもはや問題ない、欠けているのは、相手に分かってもらえる英語の音だと認識しているので、意識的に英語の発音を学んでいるようです。学会で発表していて、「骨」(bone)と言っているつもりが、born だと誤解されてしまっては困るからです。

しかし、海外に駐在している企業人の中には、現地での商談相手はほとんどが非ネイティブ・スピーカーであることから、発音はお互いさまで、あまり気にしない。それより、交渉し契約書を交わすので、読み書きがきちんとできないことには仕事にならない、という理由から読み書き重視派が大勢います。

漫然と「英語が話せるようになりたいなあ」と願っているだけでは英語ができるようにはなりません。まずは、どんな英語を自分が必要としているかを考えて目標を決めます。そして自分の英語を振り返って強いところ、弱いところを自己分析し、強いところは伸ばしつつ、弱いところを補強します。

学習方法は、自分に向いていて長続きするような方法を選びます。テレビ講座かラジオ講座か、インターネットかＤＶＤやＣＤか、個人教授か学校か、仲間と勉強するのか独学か。お金をかけないでも、自分に合った学習方法はいくらでもあります。

よく「会話は、ひたすら聞くのがいい。英語を読んでいても喋れるようにならない」などと言う人がいますが、私自身は読まないとダメで、しかも一人で集中して読まないと頭に入らない「英語を読んで自習する」タイプです。面白い内容の英文を声に出して読むことでインプットとアウトプットを同時に行い、徐々に自動化していくやり方です。他にもいろいろなタイプがあるでしょう。この勉強方法が自分に合っていると分かったら、他人が何を言おうと、広告が何を宣伝しようと惑わされず、自信をもってやり続けることです。慣れるまで習うのです。

ただし、忘れてはならないのが、英語というのは外国語であり、未知との出会いの連続だということです。自分に合った方法で勉強しつつも、常に果敢に未知へ挑戦する勇気が必要です。それは、これまで使ったことのない教材かもしれません。読んだことのない本かもしれません。試みたことのない講座や学習法かもしれません。留学という根こそぎ環境を変える異文化学習もあり得るでしょう。

宇宙飛行のリーダーである若田光一さんは、「自分が経験していない新しい環境に身を置くこと、新たな目標を設定をすることを好む」、と前出のインタビュー記事にありました（「東洋経済オンライン」、二〇一三）。キーワードは「守りに入るな」だそうです。「どんなに大変だと思う仕事も、しばらくすれば慣れてきます。慣れて〝定常状態〟に入ると成長は鈍化する。そんなときはあえて、環境を変えて変化させるんです。不均衡状態をわざと作ることで緊張感を維持し、自らが進歩していけるのだと思います」という若田さんの言葉は、どのような仕事にも言えることですし、英語学習についても同じです。

英語学習の成否を決めるのは、自ら意欲的に未知と出会い、緊張感を持って努力を継続できるかということです。それができるような力は、英語が専門であろうと別の分野での仕事であろうと、どのような場でも必ず生きるはずだと、英語を駆使するさまざまな人びとを見て、確信しています。

第15講　英語学習は未知との格闘

異質性と葛藤と

英語という外国語を学ぶことは、「未知と向き合い異質性と格闘すること」です。英語に限らず、どのような外国語を学習するにしても、言語に潜む文化を無視しては、外国語を学ぶことにはなりません。異文化理解というと、外国へ行って珍しい体験を楽しむような印象がありますが、実はそんなに単純なことではありません。目に見える文化は、たとえば食べ物やお祭りや衣服など、違っていても平気というか、物珍しさが面白い。問題は、そういうことではなく、目に見えない深い部分に根ざしている価値観や信条など、本人も気づかないまま身についている文化です。意識の外にあるから、自分の行動が自文化に根ざしているのだと相手に説明することができず、相手は「いったい、なんでこんなことをするんだ？」と困惑したり、「こんな態度って、あり得ない」と不快になったり、果ては「ひどいじゃないか、非常識だぞ」と憤慨したりします。そのような厄介な文化の違いは、同じ社会の中でも地域によって、ジェンダーや年代の違いなどによっても存在しますが、外国となれば溝が大きく摩擦も深刻になります。

しかも文化は言語にも深く関わっていて、切り離すことができません。人間は誰もが母語を持っていて、母語が持つ世界観に支配されています。すると、自分が意識せずに持っている価値観とは異なる価値観を持った言語を学習する際に、衝突や葛藤を起こすことがあります。異文化の葛藤だとは気づいていない場合が多いのですが、何となく違和感があって、素直に呑み込めない感じです。自己アイデンティティが脅かされるという表現が使われることもあります。

それゆえ、外国語を学ぶことは、おおげさに言えば「未知の世界に遭遇すること」で、これまでの自分が知らなかった「異質性と格闘する」ことを意味します。

そのような異文化との葛藤を秘めているから外国語を学ぶことは易しいことではないの

ですが、英語を学ぶことを「格闘」だと考えている人はあまりいません。だから、ちょっとつらくなると嫌になってしまい、もっと楽な方法はないかと探し、こんなに大変なのは教え方が悪いからだと学校英語教育を恨むことになります。シャワーのように英語を浴びれば上達するという宣伝文句に飛びついて試したものの、さっぱり上達しないのは、英語を浴びただけでは流れ落ちてしまい、異質な言語と格闘するまでに至らないからのような気がしてなりません。

英語学習は仲間と？　一人で？

英語学習というのは、そうか、格闘なのか、と考えると、ぼんやり楽しくやっていてはダメなことが納得できそうです。そこで次に浮かぶ疑問は、英語学習というのは、一人でやった方が効率的なのか、仲間と一緒に練習した方が良いのか、ということです。これはなかなか答えにくい問題です。学習者にはそれぞれ個性があって、一人で勉強するのが好きな孤独型もいれば、誰かと一緒じゃないとやる気が起きないというタイプもいます。

最近は、言語学習には自ら学ぶ自律性が不可欠なことが判明し、それに矛盾しているようですが、グループで学ぶ協同学習という方法が成果をあげるとも言われています。これはどういうことなのでしょうか。実は、この二つは矛盾しているわけではなく、協同学習という学びは、個々の自律性を涵養することを目指しているのです。学ぶ対象との新たな出会いと対話があり、次に他者（教師や仲間）との出会いと対話、そして最後に自己との出会いと対話、という三つの出会いと対話によって学びを内化していくのが協同学習で、その中から自律した学習者が育っていくのです*(1)。もっともこれは、協同学習のあり方を熟知した教師の指導で、適切な学びの共同体が構築されてはじめて可能になることで、単にグループで勉強すれば自律性が生まれるわけではありません。

協同学習は、数学などさまざまな教科で実施することが可能で、英語教育でも少しずつ取り入れられてきています。ただ、英語学習の場合、知識を習得するだけではなく、実際にコミュニケーション活動を行う実技の部分もあれば、アイデンティティや文化の葛藤を伴う特殊性もあるので、仲間との学びと自分の努力をどう組み合わせるか、考えてみる価値がありそうです。

同じ目的を持った仲間と切磋琢磨しながら共に学ぶことは大切ですし、それは外国語教育でも有効です。ただ、それだけで良いのか、というと、そうとも言いきれないのが難しいところです。なぜなら、外国語学習が「異質性との格闘」だとすると、慣れ親しんだ仲間と居心地よく楽しく学ぶことで「異質性への対応」という部分が可能になるのか、という疑問が出てもおかしくないからです。

英会話サークルを作って仲間と勉強しても、期待したほどの成果が出ない、という場合が多いのは、その辺に原因があるのではないかと、最近になって考え始めました。いつもの仲間と英語で会話してみても、それほど変わった話は出ないので、「未知との遭遇」にならない。いつも一緒に英会話をしているうちに、互いに相手の英語に慣れてしまい、たとえ訥々とした英語であっても、妙な発音であっても、論理が支離滅裂でも、以心伝心で言いたいことはだいたい分かってしまう。これでは異質性との格闘にはなりません。

結果として、たまに知らない外国人と英語でやりとりしてみると、想定外の発言があって困惑したり、言っていることが聞き取れなかったり、こちらが話していることを分かってもらえなかったりして、自信喪失します。仲間同士だけでなく、教えてくれる先生についても、同じことが言えます。日々の授業で接しているうちにだんだん慣れてくると、先

(1) 佐藤学『学校の挑戦：学びの共同体を創る』二〇〇六、小学館

生が話す英語は良く理解できるようになります。教師の側も、指導しているうちに生徒や学生が話す英語に慣れてきます。生徒／学生にしてみると、いつも教えてくれる先生なら自分の英語を十分に分かってくれる。時には褒めてくれたり励ましてくれるので、自信もつくし元気が出て居心地が良くなります。ところが、一歩教室を出ると、そうはいきません。知らない相手と英語で話してみると「ハ？　ナニ言ってるの？」という顔をされたり、相手が言っていることを聞き取れないで、ふだんの調子が出なくなって落胆し、自分の英語に自信がなくなります。そうなると挫折感が大きく、学校でやった英語は実社会で使えない、と苦い思いを抱き、学校ではもっと役に立つ英語を教えろ、と腹を立てることになります。

自律性が決め手

仲間と学んでいるうちに、ナアナアになってしまうのでは、異質性とぶつかることになる実際のコミュニケーションで英語を使えるようになりません。そうならないために必要なのは、「自律性」です。自分をしっかり持って、自主的に学ぶことです。必要があれば先生に質問する、友人に聞くなどしますが、何をいつ誰に相談するかを決めるのは自分自身です。

外国語は、自らが学ぶ意欲を持って主体的に取り組まなければ成果が出ない、というのは、外国語が基本的に「未知」であり「異質」であることが大きく関わっているからです。英語という未知と遭遇した時に本人が逃げ出してしまえば、それまでです。英語という異質な言葉と文化を学ぶ機会があっても、本人がそれを避けてしまえば、それまでです。英語に「馬を水飲み場に連れて行くことはできるけれど、水を無理に飲ませることはできない」という格言があります*(2)。英語学習者を馬に例えては失礼かもしれませんが、英語教師は生徒や学生を英語という「水」のある場に連れて行くことはできますが、その水を飲むのは学習者自身です。教師は「この英語という水は、美味しいですよ。試してご覧なさい」と飲み方を教えることはできても、学習者の口をこじ開けて無理矢理その水を飲ませることはできません。学習者は、日本語という水なら知っていますが、飲んだことのない水を飲むのは勇気が要ります。ちょっと味わってみても「いやだ、この味は今まで

(2) You can lead a horse to water, but you can't make it drink.

飲んだ水とは違う」と吐き出してしまったり、いったん呑み込んでみても「この味、不味い」と次からは敬遠するかもしれません。でも、違う味だけれど、体に良いらしい、と自ら決心して挑戦すれば、やがて好きになります。

言語は生涯かけて学ぶもの

外国語学習に自律性が欠かせないのは、言語というのは生涯かけて継続して学ぶものだからです。母語である日本語だって、およそのことは分かって日々使っていても、知らない単語はいくらもあり、言葉遣いを間違えることも多々あり、毎日が学びです。母語でさえそうなのですから、文化や社会を異にする外国語を学ぶとなったら、学びは一生続きます。

パソコンの使い方を習得するのと違い、未知なる異文化を内包している外国語は、期間限定のスキル講座で身につけるわけにはいかないのです。英語能力を測定する検定試験なら短期決戦の受験講座が効くかもしれませんが、それは総合的なコミュニケーション能力を保証するものではありません。言葉って、文化って、そんなに単純なものではないのです。

うーん、生涯かけての格闘？　大変だなあ、と思われるでしょう。確かに大変です。ここで必要なのが「自律性」です。一人でも学びを継続できる力。英語学習の成否を決めるのは「自律した学習者になること」です。

これは、実は、英語だけでなく、他の外国語にも通用することですし、よく考えてみれば、人生すべて「自律性」でしょう。他人と協調しなければ社会で生きていくことはできませんが、同時に、自らを律し、主体的に生きることも不可欠です。仲間と協働することを決めるのは自分なのですから、まずは自律性が肝要だともいえます。

そういう視点から考えると、英語を学ぶことは、人生を学ぶことにつながるわけで、一生をかける価値があると分かります。

「自律した学習者」として、常に新たな出会いを求め、自らの進む道を切り拓くことが、英語学習です。英語を学ぶことが自分にとってどのような意味を持つのかを考え、自律的に、地道に、着実に、学習を継続したいものです。

あとがき

本書は、二〇一一年四月に出版した『国際共通語としての英語』の続編ともいえる本です。

前書では、グローバル時代の多文化多言語社会において異文化コミュニケーションを目的とした英語が必要であることを説き、ネイティブ・スピーカーを目指すのではなく「国際共通語」として「分かり合える英語」を追求することを提案しました。本書では、その視座に立脚し、そのような英語を「どのように学ぶか」、という具体的な方法論に焦点を合わせました。

いわゆる英語学習のハウツー本は数多《あまた》ある上、どのように学ぶかは学習者が個々に考えて選択すべきことだと考えてきた私が、あえて学習方法に踏み込んだのには理由があります。

前書の刊行以来、英語教育界はこれまで以上に混迷しています。小学校英語の必修化かから教科化へ、高校においては英語の授業は英語で行うなど矢継ぎ早の英語教育改革にもかかわらず、文部科学省の平成二六年度調査によれば、日本全国の高校三年生約七万人の半数以上が「英語の学習が好きではない」と回答しています。その一方で、スーパーグローバルハイスクールやスーパーグローバル大学指定など、グローバル人材育成の波が教育界を席巻し、大学入試に英語検定試験を導入することが求められるなど、英語力増強への圧力は増し続けています。

その結果として姿を表しているのが、英語格差の広がりです。グローバル人材の範疇に組み込まれる一部エリートと、英語に苦手意識を抱く悩める層、そして英語が嫌いで負けを自認しあきらめてしまっている脱落組。この格差は社会人になる前の就活で明確になりますが、その根っこは小学校か中学あたりで生まれています。輝かしい未来に向かっているはずの若い世代が、英語格差に巻き込まれ、自信を失い、人生への希望を見失っている姿は残念です。

たかが英語じゃないか、と言ってあげたい。日本国民全員が英語の達人になる必要もなく、それぞれが得意なことを生かすことが社会の活性化につながると思います。しかし、されど英語で、英語はやっぱり捨てない方が良い。たとえ日本で暮らしていたとしても、長い人生のどこかで、英語との思わぬ出会いがあるかもしれません。グローバリゼーションは海外だけのことではなく、日本国内もグローバル化している現実が既にあるわけですし、二〇二〇年東京オリンピック・パラリンピックを考えれば異文化・異言語との接触が増え、外国語でのコミュニケーションは避けられなくなりそうです。もっと根本的なことをいえば、外国語は、本来なら異文化への窓を提供し、視野を広げ、人生を豊かにしてくれるものなのに、外国語の中で英語だけが嫌悪感や敗北感の種となってしまうのは惜しいことです。

ならば、英語をこうやって勉強してみたら？　というアドバイスが出来ないだろうか、と考えたのが本書を書こうと思った理由です。英語が好きでもっとやりたいと考えている方、好きなのだけれど学習方法に自信がない方はもちろんのこと、書きながら私の脳裏に常にあったのは、英語ができるようになりたいと内心は思いながら、あきらめかけている方たちです。あきらめないで、こうやってみたら？　という私なりのアドバイスのすべてに納得できなくても、ひとつでも、そうだな、やってみようか、と思っていただけたらと願いながら書きました。

「グローバル人材」は、日本企業が必要としているものですが、世界が必要としているのは「グローバル市民」です。そのグローバル市民に求められる要素は、「確固たる自己アイデンティティ」「異質性へ開かれた心」「他者との関係を構築できるコミュニケーション能力」、そして、「持続可能な未来に貢献できる〈何か〉を持つこと」だと私は考えています。これらは、外国語学習を通して培うことが可能です。まずは英語から始め、さらに別の外国語も学ぶことで、グローバル市民としての資質を磨いていただきたい。

本書は、前書と同じく、講談社の岡部ひとみさんからの提案と励ましで書き上げたものです。「続編を」というご依頼をいただいてから、何も書けないで月日が経ちましたが、「英語格差」という問題提起から、「そうだ、英語格差を飛び越える」ための英語学習についてまとめてみようと方向性が定まり、二〇一五年の夏から晩秋にかけて執筆したのが本書です。岡部さんと現代新書出版部長の田中浩史さんに心から感謝する次第です。

なお、本書で紹介した英文の大半は、私が監修者および講師として二〇〇九年の番組開始から関わっているNHK「ニュースで英会話」で実際に使用したものです。番組を制作しているNHKエデュケーショナル、語学部・部長プロデューサーの鵜川陽一さんをはじめとするスタッフ、英語ニュースを日本語訳し解説している執筆者の皆さんにお礼を申し上げます。

本書を読んで下さった方々が、グローバル市民としての英語力を目指して学び、英語に押しつぶされるのではなく、平常心で英語と付き合うことで、英語格差なるものを吹き飛ばし、飛び越えることを切に願うものです。

二〇一五年一二月一二日

鳥飼玖美子

講談社現代新書　2353

本物《ほんもの》の英語力《えいごりょく》

二〇一六年二月二〇日第一刷発行　二〇一六年三月二九日第五刷発行

著　者　鳥飼玖美子《とりかいくみこ》　

発行者　鈴木　哲

発行所　株式会社講談社

東京都文京区音羽二丁目一二―二一　郵便番号一一二―八〇〇一

電　話　〇三―五三九五―三五二一　編集（現代新書）

〇三―五三九五―四四一五　販売

〇三―五三九五―三六一五　業務

装幀者　中島英樹

印刷所　凸版印刷株式会社

製本所　株式会社大進堂

定価はカバーに表示してあります　Printed in Japan

N.D.C. 835　208p　18cm

ISBN978-4-06-288353-5

「講談社現代新書」の刊行にあたって

教養は万人が身をもって養い創造すべきものであって、一部の専門家の占有物として、ただ一方的に人々の手もとに配布され伝達されうるものではありません。

しかし、不幸にしてわが国の現状では、教養の重要な養いとなるべき書物は、ほとんど講壇からの天下りや単なる解説に終始し、知識技術を真剣に希求する青少年・学生・一般民衆の根本的な疑問や興味は、けっして十分に答えられ、解きほぐされ、手引きされることがありません。万人の内奥から発した真正の教養への芽ばえが、こうして放置され、むなしく滅びさる運命にゆだねられているのです。

このことは、中・高校だけで教育をおわる人々の成長をはばんでいるだけでなく、大学に進んだり、インテリと目されたりする人々の精神力の健康さえもむしばみ、わが国の文化の実質をまことに脆弱なものにしています。単なる博識以上の根強い思索力・判断力、および確かな技術にささえられた教養を必要とする日本の将来にとって、これは真剣に憂慮されなければならない事態であるといわなければなりません。

わたしたちの「講談社現代新書」は、この事態の克服を意図して計画されたものです。これによってわたしたちは、講壇からの天下りでもなく、単なる解説書でもない、もっぱら万人の魂に生ずる初発的かつ根本的な問題をとらえ、掘り起こし、手引きし、しかも最新の知識への展望を万人に確立させる書物を、新しく世の中に送り出したいと念願しています。

わたしたちは、創業以来民衆を対象とする啓蒙の仕事に専心してきた講談社にとって、これこそもっともふさわしい課題であり、伝統ある出版社としての義務でもあると考えているのです。

一九六四年四月　野間省一

哲学・思想Ⅰ

Ⓐ

哲学・思想Ⅱ

政治・社会

1145 冤罪はこうして作られる　小田中聰樹
1201 情報操作のトリック　川上和久
1488 日本の公安警察──青木理
1540 戦争を記憶する──藤原帰一
1742 教育と国家──高橋哲哉
1965 創価学会の研究──玉野和志
1969 若者のための政治マニュアル──山口二郎
1977 天皇陛下の全仕事──山本雅人
1978 思考停止社会──郷原信郎
1985 日米同盟の正体──孫崎享
2053 〈中東〉の考え方──酒井啓子
2059 消費税のカラクリ──斎藤貴男
2068 財政危機と社会保障──鈴木亘
2073 リスクに背を向ける日本人　山岸俊男 メアリー・C・ブリントン
2079 認知症と長寿社会──信濃毎日新聞取材班
2110 原発報道とメディア──武田徹
2112 原発社会からの離脱　宮台真司 飯田哲也
2115 国力とは何か──中野剛志
2117 未曾有と想定外──畑村洋太郎
2123 中国社会の見えない掟　加藤隆則
2130 ケインズとハイエク　松原隆一郎
2135 弱者の居場所がない社会　阿部彩
2138 超高齢社会の基礎知識　鈴木隆雄
2149 不愉快な現実──孫崎享
2152 鉄道と国家──小牟田哲彦
2176 JAL再建の真実──町田徹
2181 日本を滅ぼす消費税増税──菊池英博
2183 死刑と正義──森炎
2186 民法はおもしろい──池田真朗
2197 「反日」中国の真実──加藤隆則
2203 ビッグデータの覇者たち──海部美知
2232 やさしさをまとった殲滅の時代　堀井憲一郎
2246 愛と暴力の戦後とその後──赤坂真理
2247 国際メディア情報戦──高木徹
2276 ジャーナリズムの現場から　大鹿靖明 編著
2294 安倍官邸の正体──田﨑史郎
2295 福島第一原発事故 7つの謎　NHKスペシャル『メルトダウン』取材班
2297 ニッポンの裁判──瀬木比呂志

経済・ビジネス

世界の言語・文化・地理

F

日本史

1258 身分差別社会の真実──斎藤洋一 大石慎三郎
1265 七三一部隊──常石敬一
1292 日光東照宮の謎──高藤晴俊
1322 藤原氏千年──朧谷寿
1379 白村江──遠山美都男
1394 参勤交代──山本博文
1414 謎とき日本近現代史 野島博之
1599 戦争の日本近現代史 加藤陽子
1648 天皇と日本の起源 遠山美都男
1680 鉄道ひとつばなし──原武史
1702 日本史の考え方──石川晶康
1707 参謀本部と陸軍大学校 黒野耐
1797 「特攻」と日本人──保阪正康
1885 鉄道ひとつばなし2──原武史
1900 日中戦争──小林英夫
1918 日本人はなぜキツネにだまされなくなったのか 内山節
1924 東京裁判──日暮吉延
1931 幕臣たちの明治維新 安藤優一郎
1971 歴史と外交──東郷和彦
1982 皇軍兵士の日常生活 一ノ瀬俊也
2031 明治維新 1858-1881 坂野潤治 大野健一
2040 中世を道から読む──齋藤慎一
2089 占いと中世人──菅原正子
2095 鉄道ひとつばなし3──原武史
2098 戦前昭和の社会 1926-1945──井上寿一
2106 戦国誕生──渡邊大門
2109 「神道」の虚像と実像 井上寛司
2152 鉄道と国家──小牟田哲彦
2154 邪馬台国をとらえなおす──大塚初重
2190 戦前日本の安全保障──川田稔
2192 江戸の小判ゲーム──山室恭子
2196 藤原道長の日常生活 倉本一宏
2202 西郷隆盛と明治維新 坂野潤治
2248 城を攻める 城を守る──伊東潤
2272 昭和陸軍全史1──川田稔
2278 織田信長〈天下人〉の実像 金子拓
2284 ヌードと愛国──池川玲子
2299 日本海軍と政治──手嶋泰伸

世界史Ⅰ

世界史Ⅱ

自然科学・医学

15 数学の考え方——矢野健太郎
1141 安楽死と尊厳死——保阪正康
1328 「複雑系」とは何か——吉永良正
1343 カンブリア紀の怪物たち サイモン・コンウェイ・モリス 松井孝典 監訳
1500 科学の現在を問う 村上陽一郎
1511 優生学と人間社会——米本昌平 松原洋子 橳島次郎 市野川容孝
1689 時間の分子生物学——粂和彦
1700 核兵器のしくみ——山田克哉
1706 新しいリハビリテーション 大川弥生
1786 数学的思考法——芳沢光雄
1805 人類進化の700万年 三井誠
1813 はじめての〈超ひも理論〉 川合光

1840 算数・数学が得意になる本 芳沢光雄
1861 〈勝負脳〉の鍛え方——林成之
1881 「生きている」を見つめる医療——中村桂子 山岸敦
1891 生物と無生物のあいだ——福岡伸一
1925 数学でつまずくのはなぜか 小島寛之
1929 脳のなかの身体——宮本省三
2000 世界は分けてもわからない 福岡伸一
2023 ロボットとは何か——石黒浩
2039 ソーシャルブレインズ入門 藤井直敬
2097 〈麻薬〉のすべて——船山信次
2122 量子力学の哲学——森田邦久
2166 化石の分子生物学——更科功
2170 親と子の食物アレルギー——伊藤節子

2191 DNA医学の最先端 大野典也
2193 〈生命〉とは何だろうか 岩崎秀雄
2204 森の力——宮脇昭
2219 宇宙はなぜこのような宇宙なのか——青木薫
2226 宇宙生物学で読み解く「人体」の不思議——吉田たかよし
2244 呼鈴の科学——吉田武
2262 生命誕生——中沢弘基
2265 SFを実現する——田中浩也
2268 生命のからくり——中屋敷均
2269 認知症を知る——飯島裕一
2291 はやぶさ2の真実——松浦晋也
2292 認知症の「真実」——東田勉

心理・精神医学

331 異常の構造——木村敏
590 家族関係を考える——河合隼雄
725 リーダーシップの心理学——国分康孝
824 森田療法——岩井寛
1011 自己変革の心理学——伊藤順康
1020 アイデンティティの心理学 鑪幹八郎
1044 〈自己発見〉の心理学 国分康孝
1241 心のメッセージを聴く 池見陽
1289 軽症うつ病——笠原嘉
1348 自殺の心理学——高橋祥友
1372 〈むなしさ〉の心理学 諸富祥彦
1376 子どものトラウマ——西澤哲

1465 トランスパーソナル心理学入門——諸富祥彦
1625 精神科にできること 野村総一郎
1752 うつ病をなおす——野村総一郎
1787 人生に意味はあるか 諸富祥彦
1827 他人を見下す若者たち 速水敏彦
1922 発達障害の子どもたち——杉山登志郎
1962 親子という病——香山リカ
1984 いじめの構造——内藤朝雄
2008 関係する女 所有する男——斎藤環
2030 がんを生きる——佐々木常雄
2044 母親はなぜ生きづらいか——香山リカ
2062 人間関係のレッスン 向後善之
2076 子ども虐待——西澤哲

2085 言葉と脳と心——山鳥重
2090 親と子の愛情と戦略 柏木惠子
2101 〈不安な時代〉の精神病理——香山リカ
2105 はじめての認知療法——大野裕
2116 発達障害のいま——杉山登志郎
2119 動きが心をつくる——春木豊
2121 心のケア——加藤寛 最相葉月
2143 アサーション入門——平木典子
2160 自己愛な人たち——春日武彦
2180 パーソナリティ障害とは何か——牛島定信
2211 うつ病の現在——佐古泰司 飯島裕一
2231 精神医療ダークサイド 佐藤光展
2249 「若作りうつ」社会——熊代亨

知的生活のヒント

78 大学でいかに学ぶか 増田四郎
86 愛に生きる――鈴木鎮一
240 生きることと考えること 森有正
297 本はどう読むか――清水幾太郎
327 考える技術・書く技術―板坂元
436 知的生活の方法――渡部昇一
553 創造の方法学――高根正昭
587 文章構成法――樺島忠夫
648 働くということ――黒井千次
722 「知」のソフトウェア―立花隆
1027 「からだ」と「ことば」のレッスン 竹内敏晴
1468 国語のできる子どもを育てる――工藤順一

1485 知の編集術――松岡正剛
1517 悪の対話術――福田和也
1563 悪の恋愛術――福田和也
1620 相手に「伝わる」話し方 池上彰
1627 インタビュー術!――永江朗
1679 子どもに教えたくなる算数 栗田哲也
1684 悪の読書術――福田和也
1865 老いるということ――黒井千次
1940 調べる技術・書く技術―野村進
1979 回復力――畑村洋太郎
1981 日本語論理トレーニング――中井浩一
2003 わかりやすく〈伝える〉技術――池上彰
2021 新版 大学生のためのレポート・論文術――小笠原喜康

2027 地アタマを鍛える知的勉強法――齋藤孝
2046 大学生のための知的勉強術――松野弘
2054 〈わかりやすさ〉の勉強法――池上彰
2083 人を動かす文章術――齋藤孝
2103 アイデアを形にして伝える技術――原尻淳一
2124 デザインの教科書――柏木博
2147 新・学問のススメ――石弘光
2165 エンディングノートのすすめ――本田桂子
2187 ウェブでの〈伝わる〉文章の書き方――岡本真
2188 学び続ける力――池上彰
2198 自分を愛する力――乙武洋匡
2201 野心のすすめ――林真理子
2298 試験に受かる「技術」――吉田たかよし

文学